온화한 말은 친구를 만든다.

말도 아름다운 꽃처럼 색깔을 지니고 있다.

말하는 사람은 씨를 뿌리고,
침묵하는 사람은 거두어들인다.

말을 많이 하면 후회가 늘고,
말을 많이 들으면 지혜가 는다.

져주는 대화

져주는 대화

초판 1쇄 발행 · 2017년 04월 15일
초판 7쇄 발행 · 2017년 11월 15일

지은이 · 박성재
펴낸이 · 이춘원
펴낸곳 · 책이있는마을
기   획 · 강영길
편   집 · 이경미
디자인 · 디자인오투
마케팅 · 강영길

주   소 · 경기도 고양시 일산동구 무궁화로120번길 40-14(정발산동)
전   화 · (031) 911-8017
팩   스 · (031) 911-8018
이메일 · bookvillagekr@hanmail.net
등록일 · 1997년 12월 26일
등록번호 · 제10-1532호

ISBN 978-89-5639-278-3 (03320)

이 도서의 국립중앙도서관 출판예정도서목록(CIP)은 서지정보유통지원시스템 홈페이지(http://
seoji.nl.go.kr)와 국가자료공동목록시스템(http://www.nl.go.kr/kolisnet)에서 이용하실 수 있습니
다.(CIP제어번호: CIP2017007916)

A considerate
conversation

대화의 승부에서 이기면 승리감을 얻지만, 져주면 사람을 얻는다

져주는 대화

박성재 지음

책이있는마을

　인류학자들은 인간이 지구를 지배할 수 있었던 것은 말을 할 수 있었기 때문이라고 한다. 오직 인간만이 가지고 있는 말과 말의 활용이 인류 진화에 결정적인 촉진제가 됐다는 것은 부인할 수 없다.

　인간은 많은 사람들과 더불어 살아가는 사회적 동물이다. 다른 사람들과 소통하는 수단은 말과 대화다. 대화를 하지 않으면 소통은 거의 불가능하다. 대화에는 말하는 사람의 의지와 주장, 견해와 판단, 가치관 그리고 본능적 욕구가 담겨 있다. 이러한 것들이 상대방과 통해야 소통이 이루어진다.

　그렇다면 말하는 사람의 '본능적 욕구'란 무엇인가?

　물론 대화가 가까운 사람끼리 우애·우의·친목을 도모하는 일상일 뿐 특별한 목적이 없는 경우도 많지만, 상대방과 승부를 가려야 하는 목적이 있는 대화도 있기 마련이며, 이럴 때는 상대방에게 이기려고 하는 것이 인간의 본능적 욕구다.

　모든 생명체들에게는 이기려는 본능이 있다. 이겨야 생존할 수 있기 때문이다. 육식동물들은 먹잇감이 되는 동물들과 싸워 이겨야 먹이를 얻어 생명을 유지할 수 있다. 무리 지어 사는 동물들은 같은 무리에서 다른 개체와 싸워 이겨야 자기 힘을 과시하고 서열이 높아져 생존에 유리한 위치에 서게 된다. 또한 기후 조건과 서식 환경과도 맞서서 이겨내야 살아갈 수 있다.

그러나 반드시 이겨야만 살아남을 수 있는 것은 아니다. 이를테면 몸집이 작은 초식동물이 자기를 잡아먹으려는 육식동물과 싸워서 이기기는 거의 불가능하다. 먹잇감이 되지 않으려면 재빨리 도망치는 게 상책이다. 무사하게 도망치는 것이 이기는 것이다.

대화도 그와 같다. 사람들에게는 승부를 피할 수 없는 목적이 있는 대화에서 어떡해서든지 상대방을 이기려는 본능적 욕구가 있다. 상대방을 이겨야 자신의 의지대로 할 수 있으며, 여러 가지 유리한 위치를 확보할 수 있기 때문이다.

하지만 승부가 반드시 승리와 패배로 판가름 나는 것은 아니다. 무승부도 있다. 대화의 승부에서 패배했다면 승자의 주장이나 견해를 수용해야 하는데, 끝까지 수용을 거부하고 거세게 반발하며 자신의 주장을 굽히지 않는 경우도 얼마든지 있다.

그리하여 양쪽이 승부를 내지 못하고 팽팽하게 맞서 평행선을 달리는 것이다.

우리 사회의 이념의 양극화, 노사 양극화, 빈부의 양극화, 세대 간의 양극화 등 심각한 양극화 현상도 그러한 갈등과 대립에서 빚어지는 것이라고 할 수 있다. 갈등과 대립으로는 생산적이고 긍정적인 대화가 좀처럼 이루어지지 않는다. 따라서 소통이 안 되는 불통 상태가 계속되고 있는 것이다.

그러나 대화에서 반드시 이겨야만 하는 것은 아니다. 몸집이 작은 초식동물이 무사히 도망쳐 살아남으면 그것이 이기는 것이라고 말했듯이, 목적 있는 대화에서 이기고 지는 대화만 있는 것이 아니라 '져주는 대화'도 있다는 사실을 알아야 한다.

대화를 하는 과정에서 상대방을 진심으로 존중하고 배려하는 겸손한 태도로 상대방의 주장과 견해를 진지하게 경청해서 자신의 주장보다 조금이라도 더 타당성과 합리성이 있다면 물러설 수 있는 대화, 어떤 큰 목표를 성취하기 위해 자신이 먼저 양보하고 타협할 수 있는 대화가 져주는 대화다.

먼저 상대방을 존중하고 배려하며 물러설 줄 알고 긍정적으로 양보와 타협을 위해 노력한다면 상대방도 당장은 아니더라도 언젠가는 그만한 보답을 하게 된다. 이것이 바로 대화를 통한 소통이다. 우리의 삶에 때로는 '지는 게 이기는 것'인 경우는 얼마든지 있다.

이 책은 '져주는 대화'와 관련해서 다양한 경우에 따른 효과적인 대화법의 갖가지 구체적인 사례들을 제시함으로써 많은 사람들이 실생활에서 널리 활용하기를 바라는 의도로 기획되었다. 아무쪼록 많은 도움이 되기를 기대한다.

2017년 3월

박성재

| 차례 |

여는 글 _ 4

Part 1

이기는 대화, 져주는 대화

대화의 심리학 _ 14

이기는 대화, 지는 대화, 져주는 대화 _ 18

대화와 감정이입 _ 23

뭣이 중헌디… _ 27

말 한마디에 천 냥 빚을 갚는다 _ 34

발 없는 말이 천 리 간다 _ 37

천국에서 쓰는 7가지 말 _ 40

말하는 것의 두 배를 들어라 _ 44

가시 돋친 말을 삼가라 _ 47

뒷담화를 삼가라 _ 50

Part 2

져주는 대화에도 요령이 있다

15의 법칙과 30초의 법칙 _ 56

현명한 사람들의 7가지 말하는 특징 _ 60

상대방의 약점을 건드리지 마라 _ 64

극단적인 표현, 관계를 해치는 표현을 삼가라 _ 68

거짓말은 대화의 적이다 _ 71

져주는 대화의 기술 _ 75

상대방이 듣기 싫어하는 말은 삼가라 _ 79

유머와 유행어를 활용하라 _ 83

설득을 위한 대화

설득을 위한 대화는 짧을수록 좋다 _ 88

대화의 핵심에서 벗어나지 마라 _ 92

거짓과 과장, 억지와 강요는 설득이 아니다 _ 95

접대할 때는 더욱 말조심을 하라 _ 98

상대방의 취향과 관심사를 미리 파악하라 _ 102

상대방과의 인연을 앞세우지 마라 _ 106

협상은 타협이다 _ 110

중재를 위한 대화 _ 115

거절당하더라도 여지를 남겨라 _ 121

상사와의 대화

직장에서의 대화 _ 126

먼저 상사를 이해하라 _ 130

상사를 설득하려고 하지 마라 _ 137

후배가 상사라면 더욱 말조심하라 _ 142

'압존법'에 대하여 _ 146

상사끼리 경쟁할 때 중립을 지켜라 _ 150

회식 자리에서도 긴장을 풀지 마라 _ 156

폭군형 상사 _ 161

뒷담화 없는 직장은 없다 _ 168

부정과 비리에는 절대로 동조하지 마라 _ 174

부부 갈등에서 져주는 노하우

이기려고 하지 마라 _ 180

궁지로 몰지 마라 _ 185

배우자의 과거를 들추지 마라 _ 189

배우자의 부모에 대해서는 신중하라 _ 194

이념 대립이나 종교 대립을 피하라 _ 199

연상녀 부부, 특별한 대화법이 필요하다 _ 204

부부의 존댓말 _ 211

Part 6

미혼 남녀의 대화

연애 코치와 픽업 아티스트 _ 216

남녀가 사귀는 대화의 기술 _ 221

이성이 접근할 때 거절하는 대화의 기술 _ 227

연인과 헤어질 때의 대화 기술 _ 231

연인들의 오해와 갈등을 푸는 대화 _ 236

여자는 소유물이 아니다 _ 241

조건이 어긋날 때의 대화 _ 245

Part 7

대화보다 진정성이 먼저다

진실을 말하는 것이 최고의 대화다 _ 252

경청과 침묵의 중요성을 잊지 마라 _ 255

약속과 신용을 지켜라 _ 258

상대방의 경조사를 챙겨라 _ 261

가끔은 스마트폰과 헤어져라 _ 264

대화의 궁극적 목적은 소통이다 _ 267

Part 1

이기는 대화,
져주는 대화

대화의 심리학

말^{言語}. 모든 생명체 가운데 오직 인간만이 '말'을 한다. '소리'로써 단순한 의사표시를 하는 고등동물들도 있지만 인간이 사용하는 말과는 비교가 되지 않는다. 우리는 말로써 자신의 생각과 느낌을 완벽하고 정확하게, 또 아주 섬세하고 세밀하게 상대에게 전달한다.

인류의 먼 원시 조상들이 언제부터 말을 했는지는 정확히 알 수 없기 때문에 여러 가지 견해가 있다. 하지만 약 180만 년 전 아프리카에 출현했던 호모에렉투스Homo erectus가 초보적인 말을 했을 것이라는 견해가 통설이다. 호모에렉투스 유골 화석의 성대 구조나 구강 구조 등을 분석한 결과다.

호모에렉투스에 이르러 인류의 뇌 용량은 침팬지와 같은 유인원보다 2배 이상 커져 800cc를 넘어서면서 지능이 크게 높아졌다. 그에 따라 표현 수단도 늘어나 몸짓, 손짓과 함께 어떤 형태를 나타내는 의태어, 소리를 흉내 내는 의성어 등이 생겨났을 것이다.

그와 함께 차츰 사물의 명칭이 생겨나고 그것이 통용되면서 오랜 세

월에 걸쳐 점진적으로 말이 발달하게 되었을 것이다. 어찌 되었든 말을 갖게 된 인류는 마침내 문화와 문명을 창조하고 지구의 지배자가 됐다.

그런데 신기하고 재미있는 것은 인간의 말이 민족, 국가, 지역 등에 따라 서로 다르다는 것이다. 뿌리(계통)가 같은 동계어도 있으며 독자적으로 생겨나 발전한 고립어도 있다. 우리나라처럼 좁은 땅덩어리에서도 각 지방에서만 쓰는 사투리(방언)가 있다. 이를테면 제주도 방언은 뭍에 사는 사람들이 좀처럼 알아듣기 힘들다.

그 말을 사용하는 사람들이 줄어들고 없어지면 그들의 말도 사라진다. 그 때문에 수많은 말들이 사라졌으며 현재 지구상에는 약 6,000~7,000개의 서로 다른 말이 있다고 한다.

앞으로도 평균 2주에 하나씩 사라져 약 100년 뒤에는 그 가운데 절반 가까운 말이 사라질 것이라고 한다. 소수민족이나 원주민들이 크게 줄어들면서 그들의 토착어가 사라지고 있기 때문이다.

물론 여기서 말의 기원이나 변천, 발달 그리고 민족이나 지역에 따라 왜 말이 서로 다르고 차이가 있는지 얘기하려는 것은 아니다. 우리의 일상생활에서 말의 사용, 즉 '말하는 것'에 대해 얘기하고자 한다.

말은 자신의 생각과 감정을 입을 통해 표현하는 것이며 상대에게 전달하는 수단이기도 하다. 확실한 근거는 모르겠지만 순수한 우리말인 '말'의 어원은 '마+알'의 준말이라고 한다. '마'는 마음이고 '알'은 알맹이의 줄임말이라는 것이다. 따라서 '말'은 '마음 알맹이'라는 뜻인데 그럴듯하다. 자기 마음의 알맹이를 입으로 표현하는 것이 '말'이다.

말은 크게 두 가지 종류로 나눌 수 있다. 하나는 혼잣말monologue이고 또 하나는 대화^{dialogue}다. 혼잣말은 혼자 중얼거리는 독백, 자신의 생각을 일방적으로 전달하는 강연, 강의, 연설 등이다.

대화는 뜻 그대로 상대가 있어서 서로 주고받는 말이다. 대화는 상대와의 인사말, 자신의 생각과 감정을 상대에게 전달하는 것, 어떤 상황에 대한 설명, 중요 사항의 전달, 상대의 하소연을 들어주는 것, 자신이 원하는 것을 얻기 위해 상대를 설득하는 것, 별다른 목적 없이 상대와 안부나 자기 생각을 주고받는 잡담 등 형태가 무척 다양하다. 전화 통화도 대화라고 할 수 있다.

목적이 무엇이든 말의 진정한 가치는 대화에 있으며, 대화의 핵심은 소통과 설득이라고 할 수 있다.

사람들은 이 세상을 혼자서 살아가지 않는다. 부모와 가족이 있고 일가친척이 있으며 각급 학교 동창을 비롯한 친구들이 있다. 또한 자신이 하는 일과 같은 분야, 같은 직장의 동료가 있고 사회생활을 하면서 이웃이 있는가 하면 새로운 사람들과 끊임없이 관계를 맺는다.

이들과 친밀감, 유대감을 유지하고 원만한 인간관계를 형성하자면 자신의 주장만 내세우거나 자기만 옳다는 생각을 버려야 한다. 다시 말하면 무리 없는 소통이 필요한 것이다.

소통의 첫걸음은 원만하고 효과적인 대화다. 나이 차와 서열, 상사와 부하, 선배와 후배, 남녀, 친숙한 사람과 낯선 사람, 새로 사귀는 사람 등 자신과의 관계에 따라 대화하는 방법도 달라진다. 그럼에도 한 가지 변하지 않는 원칙은 있다. 어떤 상대에게도 존중과 예절, 겸손 등으로 호감을 주고 대립과 충돌을 피하는 대화를 해야 참다운 소통이 이루어진다는 것이다.

 치열한 생존경쟁 시대를 살아가자면 상대를 설득해야 할 때가 매우 많다. 설득력은 생존의 무기가 될 수 있다. 상대를 설득함으로써 거래를 성사시킬 수도 있고 자신이 원하는 것을 얻어낼 수도 있다. 이는 부부 사이, 남녀 관계에서도 마찬가지다.

 설득은 대화에서 시작한다. 과연 무슨 말을 어떻게 해야 상대가 나의 주장에 동조하고, 상대를 내 편으로 만들 수 있을까. 또한 입장을 바꿔 상대가 나를 집요하게 설득하려고 할 때 그의 주장이나 요구를 어떻게 거절해야 할까.

 거절에도 기술이 필요하다. 말하자면 대화의 요령이 필요하다는 것이다. 이제부터 원만한 소통, 설득과 거절을 위한 효과적인 대화의 기술과 요령들을 구체적으로 살펴보려고 한다.

이기는 대화, 지는 대화, 져주는 대화

대화에는 승부가 있다. 물론 가족이나 친인척, 친구처럼 가까운 관계의 사람끼리 특별한 목적 없이 서로 교류하며 친밀감이나 유대감을 다지는 대화도 있다. 주제나 화제가 뚜렷하지 않고 두서없이 주고받는 대화도 많다. 그러나 어떤 의도와 목적이 있는 대화에서는 승부가 있기 마련이다.

목적이 있는 대화에서는 자신의 목표를 관철하거나 상대를 설득하거나 상대가 말문이 막혀 고개를 숙여야 자신이 의도하는 것, 자신이 원하는 것을 얻을 수 있기 때문에 대화에서 이기려고 한다. 물론 여기에는 경쟁 사회에서는 상대를 이기고 우위에 서야 살아남는다는 그릇된 인식도 한몫한다.

때로는 이기려는 욕구와 경쟁심 때문에 대립과 충돌을 빚고 그것이 확대되어 뜻하지 않은 우발적 범죄, 충동 범죄, 끔찍한 살인이 벌어지기도 한다. 이를테면 아파트 층간 소음 문제로 빚어지는 충돌, 가정 폭력, 연인 사이의 데이트 폭력, 이별 범죄 따위가 모두 오직 자기가 이기려는 잘못된 대화에서 비롯된다.

가까운 친구나 선후배와 함께 술을 마시다가 사소한 시비와 오해로 충돌하고 우발적인 폭력과 살인 행위가 자주 일어나는 것도, 감정 조절을 못해 분노가 폭발하는 경우도 있지만 자기주장을 고집하며 상대에게 이기려는 욕심 때문이다.

대화의 승부에서 '목소리 큰 사람이 이긴다'는 속설이 통용되고 있는 것도 합리적이고 올바른 대화가 서투른 탓이다. 이를테면 도로에서 자동차 접촉 사고가 났을 때, 다른 차들의 통행에 방해가 되지 않도록 사고가 난 차를 길옆으로 옮기고 합리적으로 서로의 잘잘못을 가려야 한다.

그런데 대부분의 사람들은 부딪친 차를 도로 한복판에 세워놓고 서로 언성을 높이기 시작한다.

"당신, 운전 초보야? 속도 조절도 못해?"

"당신은 교통법규도 몰라? 왜 갑자기 끼어들어?"

서로 목청을 높이며 자기주장만 내세운다. 잘잘못을 떠나 무조건 상대방에게 이기려는 것이다. 그러다가 싸움의 본질은 엉뚱한 방향으로 변질된다.

"당신 몇 살이야? 왜 꼬박꼬박 반말이야?"

"당신은 몇 살인데 나한테 반말하는 거야?"

"당신 주민등록증 꺼내봐!"

교통사고가 엉뚱하게 나이 싸움으로 바뀌거나 시비가 격화돼 폭력을 행사하기도 한다. 그 때문에 도로가 막혀 뒤차들은 아우성을 친다. 경위가 어찌 됐든 서로 지지 않으려고 한 걸음도 물러서지 않는 것이다.

승부에는 이기는 자와 지는 자가 있다. 모든 승부에는 이겨야만 이득이 있고 보람과 기쁨이 있다. 당연히 대화의 승부도 예외일 수 없다. 틀림없이 반드시 상대를 설득하여 이겨야 할 대화가 있다. 하지만 대화에서 꼭 이기는 것만이 능사일까?

굳이 구별하자면 대화에는 이기는 대화가 있고 지는 대화가 있으며 '져주는 대화가 있다. 이기려고 하는 것은 인간뿐 아니라 동물의 본성이기도 하다. 어린아이들조차 또래에게 지지 않고 자기 뜻대로 하거나 자기가 원하는 것을 얻으려 한다. 심지어 엄마하고도 맞서 자기 고집을 굽히지 않는다.

이겨야만 유리한 위치에 설 수 있으며 존재 가치와 이득이 있다. 때로는 생존을 위해서도 이겨야만 한다. 현대사회처럼 노골적인 경쟁 사회에서는 더욱 그러하다. 패자가 되면 낙오하고 도태하기 쉽다.

그러한 본성 때문에 대화에서도 상대방에게 이기려고 한다. 그런데 문제는 자기만 이기려고 하는 것이 아니라 상대방도 이기려고 한다는 것이다. 그 때문에 시비가 붙고 충돌과 대립이 일어나고 다툼과 싸움으로 확대되어 마침내는 폭력과 같은 물리적 수단을 동원하기도 한다.

어찌 되었든 이기려는 대화에는 승부가 난다. 씨름이 승패가 분명하듯 대화에도 이기는 자와 지는 자가 있다. 상대에게 설득당해 그의 주장이나 요구 조건을 수용하거나 자기가 잘못했다고 시인하는 쪽이 지는 자다.

그러면 지는 자의 심리는 어떠할까? 상대의 강압적인 태도에 눌리든 설득을 당하든 상대의 논리 정연한 주장에 말문이 막히든, 지는 사람의 기분이 좋을 리 없다. 어쩔 수 없이 졌지만 마음속으로 상대방을 원망하거나 증오할 수도 있다.

이긴 사람의 입장에서 보면 대화에서는 이겼지만 상대방을 잃을 수도 있다. 말싸움에서 이겼더라도 상대방, 즉 사람을 잃는다는 것은 인간관계에서 큰 손실이 될 수 있다.

그러나 대화에서 상대방에게 지는 것이 아니라 져주면 어떨까?

지난여름, 매일 33~34도를 오르내리는 폭염이 한창일 때 한 술집에서 옆자리 사람들이 서로 큰 소리로 다투는 것을 우연히 듣게 됐다.

"우리나라에서 섭씨 40도가 넘은 적은 없어."

"아냐, 있어. 40도가 넘은 적이 있었어."

별것도 아니었다. 이게 뭐 그렇게 핏대를 올리며 다툴 일인가? 이겨봤자 아무런 소득도 없고 져봤자 손실이 있을 수 없는 그냥 말싸움일 뿐이다. 어느 한쪽이 한발 물러서면 싱겁게 끝날 일이다.

'져주는 대화'는 대화에서 져도 별 손실이 없고, 또 어느 정도 손실이 있을 것을 알면서도 상대방을 배려하고 양보함으로써 인간관계를 더욱 돈독히 하는 훌륭한 처세술이다.

물론 상대방에게 환심을 사려는 아부나 아첨으로 져주는 것은 오히려 역효과다. 대화의 과정에서 내가 말을 많이 하기보다 상대방의 말을 더 많이 듣고 웬만하면 그의 주장이나 의견을 수용하면서 배려와 양보의 대화를 하면 그 상대방과의 인간관계는 더욱 좋아진다.

이기려는 대화는 사람을 잃기 쉽지만, 져주는 대화는 사람을 얻는다. 인간관계, 대인관계에서 져주는 대화는 '2보 전진'을 위한 '1보 후퇴'다. 상대방과의 대화에서 몇 번 져주면 언젠가 상대방도 나한테 한 번은 져준다. 꼭 필요할 때 그의 도움을 받을 수 있는 것이다. 작은 것을 주고 큰 것을 얻을 수 있는 것이 바로 '져주는 대화'다.

대화와 감정이입

상대방과의 대화가 대립이나 충돌 없이 좋은 분위기에서 자연스럽게 이어지고 서로 기분 좋게 끝난다면 더 바랄 것 없이 훌륭한 대화다. 하지만 모든 대화가 원만하게 이루어지지는 않는다. 아주 가까운 친구, 선후배, 동료 사이의 대화에서도 원만하거나 합리적이지 못한 경우가 매우 흔하다.

그렇다면 대화를 망치는 까닭은 무엇일까?

그 이유는 여러 가지가 있을 것이다. 손쉽게 지적할 수 있는 이유로는 대화 당사자들의 성격이다. 아집과 고집, 자기주장, 편견, 이기심, 독선이 강한 사람은 상대방과 원만하게 대화를 이끌어가기 힘들다. 갈등과 충돌, 대립만 하다가 불쾌하게 헤어지는 경우가 많다.

그다음, 대화를 망치는 가장 큰 이유 가운데 하나는 고착된 서열 의식이다. 친구나 가까운 동료 사이가 아니라면 우리의 대화 환경은 대부분 불평등하고 불공평하다.

먼저, 대화하는 사람 사이의 나이 차가 대화 분위기를 지배한다. 대화의 핵심적인 주제보다 '장유유서長幼有序'의 서열 의식이 은근한 압력으로 작용하는 것이다. 상대방보다 나이가 많은 사람이 말없는 압력으로 우위에 서서 대화를 주도하며, 나이가 적은 사람보다 더 옳다는 터무니없는 인식을 스스로 갖는다.

그에 따라 평등하고 공평한 대화가 아니라 나이 많은 사람이 나이 어린 사람에게 위압적인 태도로 지시하고 설득하고 가르치려는 일방적인 태도가 대화 분위기를 주도한다. 나이가 적은 사람이 그에 반발하거나 다른 주장을 하면 대화의 핵심에서 벗어나 '버릇없는 놈'이 된다. 이런 상황에서 정상적이고 합리적인 대화가 이루어지기 어렵다.

이러한 서열 의식이 지배하는 가장 대표적인 관계가 상사와 부하 관계다. 직장의 상사와 부하, 군대의 계급 서열, 각급 학교의 선배와 후배 등 지위에 따른 엄연하고 뚜렷한 서열 차이가 있다. 상사가 그 분야에서 보편적으로 경험도 풍부하고 전문 지식도 많다는 것은 부인할 수 없지만, 그렇다고 상사의 사고와 행동과 판단과 결정과 선택이 모두 옳은 것은 아니다.

그럼에도 상사는 우월적 지위로 부하의 위에 군림하며 대화를 한다기보다 명령하고 지시하고 훈시하고 질책한다. 부하는 상사의 주장과 견해가 옳든 그르든 거의 맹목적으로 따라야 한다. 균형 있는 대화가 이루어지기 어렵다. 부하가 사실에 입각한 경위 설명을 하거나 변명하고 반발하면 위계질서를 무시하고 항명抗命한다고 여겨 불이익을 준다.

정상적인 대화가 불가능한 경우가 또 있다. 암묵적으로 형성된 신분의 차이다. 이를테면 고객과 상점 등의 서비스 종사자, 감정근로자의 관계에서 '고객은 왕'이라는 논리가 작용한다.

　종업원이 어떤 이유로든 고객에게 사실을 설명하거나 따지고 항의하면, 갑^甲의 위치에 있는 고객이 사실 판단을 떠나 불쾌감을 드러내며 종업원을 심하게 질책한다. 이른바 '갑질'이다. 무조건 위압적인 갑질은 정상적인 대화를 불가능하게 한다.

　갑질은 우리 사회 어디에서나 볼 수 있다. 가까이는 아파트 주민과 경비원 사이에서도 갑질이 일어난다. 못된 주민은 부질없는 주인의식을 갖고 경비원을 자신의 하인이나 머슴으로 여긴다. 젊은 주민이 나이 많은 경비원을 폭행하는가 하면, 끊임없이 잔소리를 퍼부으며 상전 행세를 한다. 청소와 잔심부름쯤은 당연하고 시든 꽃을 가져와 경비원에게 살려내라고 행패를 부린 여성도 있었다. 갑질이 있는 곳에 합리적인 대화는 없다.

　이러한 나이 차나 지위와 신분의 차이에서 오는 서열 의식이 정상적이고 합리적인 대화를 막고 망쳐놓지만, 서열 의식이 없는 서로 대등한 관계에서도 대화를 망치는 절대적인 요인이 있다. 바로 '감정이입'이다.

　서열 의식이 없거나 희박한 친구나 동료 등과의 허물없는 대화, 특별한 주제가 없는 잡담에서도 트러블이 생기는 경우가 적지 않다. 서로 웃으며 즐겁게 대화하다가 아주 사소한 견해 차이로 시비가 붙고, 어느 쪽도 물러서지 않고 자기주장을 고집하다가 언성이 높아지고 다툼이 벌어진다.

　여기까지는 그들의 관계로 볼 때 별문제가 없다. 그런데 한발 더 나아가 서로 한 치의 양보도 없이 팽팽하게 맞서다 보면 감정이 개입된다.

"절대 물러설 수 없어."

"너한테는 절대로 지지 않겠다."

"이 자식이 나를 무시하는 거야."

"저 자식의 고집을 꺾어놓고 말겠어."

이처럼 감정이 개입돼 서로 팽팽하게 맞서면 어쩔 수 없이 충돌이 빚어진다. 이쯤 되면 정상적인 대화는 기대하기 어렵다. 하찮은 시비가 발단이 되어 흉기를 휘두르는 범죄로 이어지는 것이 그 까닭이다.

상대방과의 대화에서는 먼저 감정을 개입시키는 쪽이 지는 것이나 다름없다. 감정이입은 서로 지지 않으려는 욕심에서 비롯된다. 더욱이 상대방에게 무엇인가 기대하는 목적이 있는 대화에서 감정이입은 절대로 하지 말아야 한다. 너그럽게 져주는 대화를 할 때 오히려 원만하게 진행된다는 사실을 기억하자.

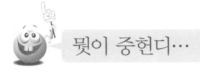

뭣이 중헌디…

인간은 '말을 한다'는 엄청난 혜택을 누리니만큼 말을 하지 않으면 갑갑해서 견디지 못한다. 언어장애가 있는 게 아니라면 항상 누군가와 말을 해야 한다. 하고 싶은 말을 하지 못하고 오래도록 입을 다물고 있으면 스트레스가 쌓이고 질병이 된다.

대화할 상대가 없는 홀몸 노인들이 외로움에 시달리는 것도 말을 하지 못하기 때문이다. 학교나 직장에서 왕따를 당한 사람들이 큰 고통을 받는 것도 편하게 대화할 상대가 없기 때문이다.

대화에는 친구나 동료와의 친밀감이나 유대감을 강화하는 대화, 그저 인사와 안부를 서로 묻는 잡담과 같은 대화도 있지만 분명한 목적이 있는 대화도 있다.

목적이 있다는 것은 상대방에게 무엇인가 자신에게 필요한 것을 부탁하거나 원하는 것을 얻어내려는 만남과 대화다. 상대방에게 어떤 도움이 필요하거나 거래를 성사시키려는 목적이 있는 대화를 말한다.

목적이 있는 대화는 상황에 따라 2가지로 나눠볼 수 있다. 첫째, 상대방과의 인간관계, 둘째, 상대방이 자신의 목적을 알고 만나는지 여부다. 이러한 경우에 대한 고려가 있어야 한다는 것이다.

인간관계에서 친구나 동창, 동료처럼 평소 자주 만나고 가깝게 지내는 상대라면 가벼운 부탁은 어렵지 않게 할 수 있다. 하지만 가까운 사이라도 금전 문제나 보증 등 상대방에게 부담을 주는 부탁은 신중해야 한다. 그 때문에 가까운 사이가 멀어질 수도 있다.

목적을 달성하기 위해 서로 신뢰하는 사이임을 이용해서 거짓말을 하거나 과장된 확신 등으로 상대방을 현혹해서는 안 된다. 사실을 사실대로 말하고, 진실하고 진솔하게 말해야 한다. 물론 가까운 사이일수록 상대방에게 부담을 주는 부탁은 삼가는 것이 좋다.

목적을 이루기 위해 평소에 가깝게 지내지 않은 사람이나 낯선 사람을 만나야 하는 경우도 있다. 그럴 때 친구나 지인의 소개로 만남이 이루어지는 경우가 흔하고, 만나야 할 사람이 선후배 등의 인연이 있는 경우도 많다. 흔히 말하는 지연과 학연 등을 통해 만남의 기회를 만드는 것이다.

이런 경우의 대화에서는 반드시 예의를 갖춰야 함이 상식이며, 소개하고 추천한 사람을 지나치게 강조해서 부담을 줘서는 안 된다. 또한 자신의 목적에 지나치게 집착해서 무리한 부탁이나 부당한 청탁을 해서는 절대로 안 된다.

대화의 내용은 어떤 요구보다 자신의 목적을 달성하는 데 도움이 될 자문이나 조언을 얻는 데서 끝나는 것이 효과적이다. 직접적인 도움을 주든 부탁을 들어주든 거절을 하든, 선택은 상대방에게 맡기는 것이 좋다. 아울러 단 한 번의 만남으로 목적을 이루려고 하기보다, 느긋하게 몇 차례 만날 기회를 만들면서 차츰 많은 대화를 통해서 자신의 목적을 나타내는 것이 좋다.

당신이 대화하려는 목적을 상대방이 모르는 경우도 있고 잘 아는 경우도 있다. 가까운 사이든 가깝지 않은 사이든, 상대방이 당신의 대화 목적을 모르고 있다면 서두르거나 단도직입적으로 목적을 위한 대화를 시작하는 것은 효과적이지 못하다.

"부탁할 게 있어서 만나자고 했어."

두 사람이 아주 가까운 사이라면 자리에 앉자마자 곧바로 본론을 얘기할 수 있다.

"뭔데? 말해봐."

가까운 사이라면 상대방도 별 부담 없이 당신의 말을 듣고자 할 것이다. 그러니 가깝지 않은 사이라면 상대방은 당연히 당황하고 긴장한다. 긴장한다는 것은 부탁을 거절할 마음의 준비를 하는 것이다.

따라서 가깝지 않은 사이, 낯선 사이, 누군가의 소개로 자신의 목적을 달성하기 위해 만나는 사이라면 사전 준비가 필요하다. 즉, 상대방의 성격, 성향, 지위, 신분, 취미 등 신상 정보를 미리 파악할 필요가 있다.

만남이 이루어지면 먼저 자기소개를 분명히 하고, 소개한 사람이 있다면 당신과 그의 관계를 먼저 얘기하는 것이 좋다. 자기소개가 끝나면 용건을 얘기해야 한다. 그러나 단도직입적으로 부탁할 내용을 꺼내는 것보다 상대방의 역량이나 영향력 등을 잘 알고 있다는 듯 은근히 평가하고 도움이나 자문이 필요하다는 의사를 내비친다. 그러면 상대방이 왜 자기를 만나려고 했는지 단번에 알아차린다.

그다음, 상대방이 생각할 여유를 주면서 슬쩍 화제를 바꾸는 것이 좋다. 상대방의 취미나 관심사를 꺼내거나 만남을 주선해준 인물에 대한 얘기를 하다 보면, 그 사이에 상대방이 마음의 준비를 끝내고 먼저 묻는다.

"구체적으로 제가 무엇을 도와드려야 합니까?"

"저를 만나자고 한 구체적인 용건이 무엇입니까?"

이렇게 도움을 줄 의사를 나타낼 수 있다.

"왜 저를 만나자고 하셨는지 알겠습니다만, 도움을 드리기가 힘들 것 같습니다."

또는 이렇게 정중하게 거절하면서 도움을 못 주는 이유를 나름대로 설명할 것이다. 이때 당신은 반박하거나 강요하고 하소연하면 안 된다. 상대방의 거절 사유를 수용하고 부드러운 분위기에서 화제를 돌리는 것이 좋다.

오히려 만나서 즐거웠고 보람 있었다는 태도를 보이면서 인연이 그것으로 끝나지 않게 해야 한다. 단번에 목적을 달성하기보다 인간적으로 가까워지면서 몇 차례에 걸쳐 차츰 목표에 다가가는 것이 좋다. 그러자면 상대방의 신상 정보를 철저하게 파악하는 것이 중요하다.

목적을 위한 대화에는 위에서 설명한 개인과 개인의 관계뿐만 아니라 공적 또는 단체와 단체 사이의 대화도 있다. 이를테면 납품, 공사 수주 등의 거래 성사를 위한 대화다. 거래 당사자 양쪽이 모두 신분과 지위, 직책에 따라 자기 단체(회사)를 대표해서 만나는 공적인 관계라고 할 수 있다.

이러한 공적 대화는 '갑을 관계'가 분명하다. 납품을 주문하거나 공사를 발주하는 쪽이 갑이며 납품을 하거나 공사를 맡으려는 쪽이 을이다. 그에 따라 당연히 갑이 우위에 서고 을은 저자세가 될 수밖에 없다.

그러나 갑과 을의 대화는 곧바로 핵심 사항들을 논의하기 때문에 무척 단순하다. 핵심은 가격 조정, 납품이나 공사 역량 등의 조건 충족 여부 등이 대부분이다.

하지만 이 같은 갑을 관계에는 접대와 향응이 뒤따르는 경우가 매우 많다. 원만한 분위기를 만들거나 친목을 도모하거나 거래 성사에 도움을 주려는 것으로 흔히 '기름칠'을 한다고 말한다. 향응의 규모는 거래 규모에 따라 달라진다.

접대와 향응에서 중요한 것은 현장에서의 대화다. 갑과 을의 벽을 허물고 친목을 도모하려는 것이기 때문에 흥겹고 즐거운 분위기의 조성이 필요하다. 대개 술 접대부터 시작하는데 경직된 분위기에서 벗어나 농담이나 잡담 등으로 이어지기 마련이다.

그런데 흥겨운 분위기에서 어느 정도 취기가 오르면 대화의 격식이나 예의가 무너지면서 갑을 관계를 잊어버리기도 한다. 나이, 선후배 등을 들먹이며 을이 갑에게 "야, 인마!", "너, 몇 학번이야?", "야, 김 부장, 노래 실력이 형편없구나.", "야, 마셔, 인마!" 같은 허튼소리를 해댄다.

물론 그럼으로써 거리감이 좁혀질 수 있겠지만 결코 바람직하지 못하다. 갑은 향응의 자리인 만큼 분위기를 위해 모든 것을 받아들이는 것 같지만 불쾌감을 잊지 않기 때문에 거래 성사에 불이익이 생길 수 있다.

교수와 대학생들이 즐거운 분위기에서 함께 웃고 떠들며 술을 마신다고 해서, 술에 취한 것을 빌미로 교수에게 '야', '자', '형', '야, 교수!' 하며 말을 함부로 할 수는 없다. 어디까지나 교수는 교수이며 갑은 갑이다. 아무리 흥겹고 격의 없는 분위기라고 해도 갑을 무시하거나 얕잡아 보는 표현을 해서는 안 된다. 흥겨운 분위기를 만들면서도 대화의 절도와 예의를 지키는 지혜를 발휘해야 한다.

결론적으로 목적이 있는 대화에서 항상 염두에 두어야 할 것은 두 가지다.

첫째, 상대방의 입장을 헤아리는 대화다. 목적 달성이 무엇보다 중요하지만, 그에 앞서 부탁을 받는 상대방의 입장을 고려해야 한다. 오직 목적을 이룰 욕심 때문에 상대방 입장을 난처하게 만들거나 곤경에 빠뜨려서는 안 되며 불이익을 당하게 해서도 안 된다.

대화에 앞서 상대방의 입장을 헤아려서 상대방도 무엇인가 얻는 것이 있도록 해야 한다. 반드시 물질적인 대가가 아니라도 도움을 주는 보람이나 만족감, 역량 활용, 발전적인 인간관계 형성, 우의를 다지는 등 상대방에게도 어떤 보람이 있도록 배려해야 한다.

둘째, 져주는 대화다. 상대방에게 져주면 비록 당장 목적을 이루지 못하더라도 다음에 기회가 있다. 상대방도 부탁을 들어주지 못하면 대부분 미안한 감정을 갖게 된다. 그와 함께 당신의 부탁을 잊지 않고 기억해둔다. 그러다가 충분히 도와줄 수 있는 기회가 오면 자진해서 기꺼이 도와준다.

"뭣이 중헌디?"

영화 〈곡성〉에서 나온 대사로, 요즘 한창 뜨는 유행어다. 대화에서도 무엇이 가장 중요한지 알아야 한다. 상대방에게 이기려고 하기보다 상대방의 입장이 되어 그의 말과 생각을 이해하고, 내가 한 걸음 물러설 줄 아는 배려와 양보할 줄 아는 저주는 대화가 마침내 더 많은 것을 얻는다.

말 한마디에 천 냥 빚을 갚는다

'말 한마디에 천 냥 빚을 갚는다'는 우리 속담이 있다. 이 속담이야 말로 '져주는 대화'가 추구하는 목표로 좌우명이 될 만하다. 말 한마디로 큰 빚을 갚는다고 하지만 꼭 금전적인 부채만 말하는 것은 아니다. 말 한마디로 상대방의 마음을 움직이고 얻어내는 것도 이 속담에 부합한다.

그러면 어떻게 말 한마디로 상대방의 마음을 움직일 수 있을까?

흔히 말을 잘하는 것이 말을 잘 못하고 어눌한 것보다 낫다고 한다. 틀린 말은 아니다. 말이 능란하고 거침이 없으면 언변이 좋고 말솜씨가 뛰어나 말을 아주 잘한다고 한다. 하지만 말을 능수능란하게 잘한다고 해서 상대방의 마음을 얻을 수 있는 것은 아니다.

대화할 때 청산유수처럼 매끄럽고 막힘이 없으면 오히려 신뢰감이 떨어질 수 있다. 더욱이 말솜씨가 좋으면 상대방의 말을 듣기보다 자기 말만 쏟아놓는 경향이 있다. 대부분의 국회의원들이 아무리 말을 잘해도 신뢰도가 크게 떨어지는 것도 그 때문이다.

대화를 통해 상대방의 마음을 얻으려면 무엇보다 먼저 상대방을 존중해야 한다. 상대를 존중하면 저절로 겸손해지고 자신을 낮추며 상대방의 말을 많이 듣게 된다. 그렇다고 해서 지나치게 자신을 낮춰 비굴한 태도를 보이면 역효과가 난다. 상대방에게 아부와 아첨하는 것도 역효과다.

대화에서는 자신의 태도나 감정 표현도 매우 중요하다. 너무 큰 소리로 말하거나 너무 낮은 소리로 말하는 것은 바람직하지 못하다. 큰 소리로 말하면 강한 어조를 통해 상대방에게 자신의 확신을 전해줄 것 같지만 자칫하면 과장과 허풍으로 여겨져 상대방이 긴장한다.

너무 낮은 목소리는 소신과 확신, 자신감이 없어 보인다. 아울러 너무 큰 소리로 웃거나 욕구불만, 분노, 사회적 불만 따위를 노골적으로 드러내면 상대방은 불안을 느낀다.

되도록 밝은 표정으로 너무 높지도 낮지도 않은 목소리로 차분하게 얘기해야 상대방도 편안한 마음으로 당신의 말을 경청한다. 상대방의 마음을 얻는 첫째 조건은 신뢰감을 주는 것이다. 상대방이 신뢰감을 가져야 마음의 빗장을 푼다.

상대방에게 신뢰감을 주려면 말하는 태도나 감정 표현도 중요하지만 그보다 더 중요한 것은 솔직함이다. 당장의 위기를 모면하기 위한 거짓말이나 핑계를 대서는 상대방의 마음을 움직일 수 없다.

내 친구가 사정이 급해서 사채 200만 원을 빌렸다. 알다시피 사채는 이자도 천문학적이지만 제때 갚지 못하면 사채업자에게 정신적, 물리적으로 몹시 시달리며 큰 고통을 겪는다. 사채업자들이 너무 집요해서 채무자는 본의 아니게 자꾸 피하게 되는데 내 친구는 달랐다.

그는 갚기로 약속한 날짜를 지킬 수 없게 되면 그 전날 먼저 사채업자를 찾아가 솔직하게 사정을 얘기하며 기한을 연기해 달라고 하소연했다. 사채업자가 아무리 윽박질러도 그는 여유 있게 날짜를 잡았다. 사채업자가 동의할 때까지 사무실에서 버텼다.

사정이 어려워 그러기를 몇 차례 되풀이하는 동안 사채업자는 그의 성실함과 솔직함과 성의에 기세가 많이 누그러졌고 나중에는 서로 친해지게 되었다. 내 친구의 사정도 잘 알게 된 사채업자는 이자를 크게 줄여주고 형편이 될 때까지 상환일을 연기해줘 위기에서 벗어날 수 있었다. 그야말로 말로 천 냥 빚을 갚은 것이다.

대화에서는 항상 솔직해야 하고 상대방을 존중하며 성의 있는 태도를 보여야 상대방의 마음을 얻을 수 있다. 자신의 목적을 달성하기 위해 너무 끈질기고 집요하게 상대방을 옥죄면 상대방은 반발심이 생기고 지겨워한다.

발 없는 말이 천 리 간다

가까운 친구나 동료, 이웃 등을 만난 자리에서 나누는 대화는 대부분 특별한 목적도 없고 일관성도 없다. 단순히 친밀감이나 유대감을 위한 만남이어서 두서없는 잡담을 나눈다. 정해진 대화의 주제도 없다. 그저 서로의 관심사를 얘기하거나 서로 잘 아는 사람의 안부와 소식을 묻기도 하는, 자연스럽고 부담 없는 분위기로 이어진다.

그런데 이러한 잡담 수준의 대화가 빌미가 돼서 인간관계에 문제가 생기는 경우가 자주 있다. 만남과 대화의 현장에 없는 다른 친구나 동료에 대한 얘기가 문제의 발단이 되는 것이다.

서로 허물없는 친구나 동료들의 대화다 보니 그 자리에 없는 다른 친구나 동료에 대해서도 조심성 없이 멋대로 얘기하기 쉽다. 가령 A와 B가 대화하면서 그 자리에 없지만 서로 잘 아는 C에 대해 얘기하다 보면 장점과 단점, 사생활 등을 서슴없이 얘기하는 경우가 많다.

문제는 A와 B와 C가 서로 가까운 사이지만 A와 C의 관계, B와 C의 관계가 서로 다를 수 있다는 데서 발생한다. A와 B는 서로 가깝고 신뢰하는 사이이기 때문에 C에 대해 험담도 하면서 그것이 C에게 전달될 것이라고는 생각하지 않는다.

하지만 이것은 착각이다. 타인에 대한 험담은 거의 어김없이 언젠가 그 사람의 귀에 들어가기 마련이다. 그래서 '발 없는 말이 천 리 간다'는 속담이 생겼을 것이다. '낮말은 새가 듣고 밤말은 쥐가 듣는다'는 속담도 마찬가지다. 아무리 가까운 사이라도 대화에는 비밀이 없다는 것이다.

그뿐이 아니다. 의도적인 이간질도 있다. '이간질'이란 두 사람 사이에서 서로 헐뜯어 관계가 멀어지게 하는 것이다. 이간질에는 남녀의 차이가 있을 수 없지만 보편적으로 여성들 사이에서 더 심한 편이다. 가령 여성 A와 B의 대화를 들어보자.

A B야, C가 그러는데 넌 사치와 허영이 너무 심해서 큰 문제라고 하더라. 친구들한테 돈 빌려서 명품을 마구 사들이고 빌린 돈을 갚지도 않는다며, 금전거래 조심하라고 하더라.

B 어머, C가 그런 말을 해? 너도 알다시피 내가 무슨 사치와 허영을 좋아하니? 친구에게 빌린 돈을 갚지도 않는다니, 난 친구에게 돈 빌린 적도 없는데 C가 어떻게 그런 거짓말을 하지?

A B야, 내가 너를 좋아하니까 얘기해주는 거야. 내가 그런 말 했다고 하지 마. 너만 알고 있어. 내 생각에도 C가 말을 너무 함부로 하는 것 같더라. 그 애 조심해.

A는 B가 C보다 자기와 더 가까이 지내도록 B와 C를 이간질하는 것

이다. B는 당연히 자신을 모함한 C에게 좋지 않은 감정을 갖게 되고 가까웠던 사이도 멀어질 것이다.

하지만 B는 C한테 A로부터 전해들은 말을 하게 되고, 다투다 보면 A가 사실을 과장했다는 것도 알려진다. 그 때문에 친한 친구였던 세 사람은 모두 거리가 멀어지고 인간관계와 신뢰가 무너진다. 결과적으로 이간질은 모두에게 손해를 가져오고, 특히 이간질을 한 당사자는 마침내 따돌림을 당하게 된다.

대화하는 상대방이 아무리 가까운 사이라도 타인, 제3자에 대한 험담은 절대로 하지 말아야 한다는 것은 상식이다. 상대방이 제3자를 험담하더라도 동조하면 안 된다. 그냥 묵묵히 듣기만 하는 것이 좋고, 무슨 일이 있어도 제3자에게 그 험담을 옮겨서도 안 된다.

인간관계를 좌우하는 것은 결국 '말'이다. 틀림없이 발 없는 말이 천리 간다. 말에는 비밀이 있을 수 없다. 한번 입에서 꺼낸 말은 쉽게 사라지지 않는다. 그래서 입이 무거운 사람이 누구에게나 호감을 얻는다.

여기서 말하기를 경계한 우리 옛 시조를 감상해보자.

말로써 말 많으니 말 말을까 하노라

말하기 좋다 하고 남의 말을 말을 것이
남의 말 내 하면 남도 내 말 하는 것이
말로써 말이 많으니 말 말을까 하노라

— 작자 미상, 김천택 저, 《청구영언》

천국에서 쓰는 7가지 말

천 국에서 쓰는 7가지 말이 있다고 한다.

미안해요 I am sorry

괜찮아요 That's Okay, O.K.

좋아요 Good

잘했어요 Well done

훌륭해요 Great

고마워요 Thank You

사랑해요 I love You

누가 골랐는지 모르지만 모두 수긍이 가는 아름답고 참 좋은 말들이다. 어쩌면 여러 사람들이 한 말을 누군가 모아놓았는지 모른다. 아무튼 위의 말들은 친밀감이나 유대감은 물론 한결같이 따뜻하고 정이 깃들어 있어서, 누가 들어도 마음이 편안해질 것이다. 그 말 때문에 충돌이나 대립은 있을 수 없다. 과연 천국에서 쓸 만한 말들이다.

이 말들에는 상대방에 대한 관용, 배려, 존중, 겸손, 평화, 화합, 소통의 뜻이 담겨 있다. 또한 이 말들이야말로 '져주는 말'이기도 하다.

'미안해요'는 상대방을 만족시켜주지 못했을 때 스스로 자신을 낮추는 말이다. 자신을 낮추며 고개 숙이는 사람에게 누가 언성을 높이고 삿대질을 하겠는가. 내가 먼저 미안하다고 말하면 대립과 충돌이 일어날 수 없다.

'괜찮아요'에는 관용과 배려, 용서, 위로와 격려의 뜻이 담겨 있다. 상대방이 실수를 했거나 잘못하고 긴장하며 걱정스러워할 때 '괜찮아요'라고 말해주면 상대방은 고마움을 느끼며 인간관계가 더욱 두터워진다.

'좋아요', '잘했어요', '훌륭해요'에는 칭찬과 격려, 존중의 뜻이 담겨 있어 상대방에게 자신감과 자부심을 갖게 해준다. 칭찬을 많이 해줄수록 상대방도 자신을 신뢰하며 더욱 잠재력을 발휘한다. 대화나 인간관계에서 칭찬은 놀라운 효과를 발휘한다. 진솔한 칭찬은 아무리 많이 해도 손해가 없다.

'고마워요', '감사합니다'라는 말도 아끼지 말아야 한다. 상대방을 존중하며 그가 베푸는 사소한 호의나 선의에도 고마움을 표시하면 상대방이 흐뭇해한다. 그만큼 소통이 원활해지고 인간관계가 돈독해진다.

외국의 어느 조사에 따르면 성공한 사업가, 자수성가한 백만장자들이 가장 많이 쓰는 말이 '감사합니다'라고 한다. 상대방을 존중하고 아주 사소한 도움에도 고마움을 표시하면 상대방도 당신을 존중하며, 기회가 생기면 적극적으로 도움을 주려고 할 것이다. 그래서 성공하고 자수성가할 수 있는 것이다.

'사랑해요'만큼 아름다운 말도 없다. '사랑해요'라고 말하는 것은 남녀의 연정에만 해당되는 것은 아니다. 남녀 사이뿐 아니라 가족끼리, 이웃이나 동료에게 친밀감을 나타내는 말이다. 더욱이 부부 사이에서 '사랑해요'라는 말에 인색할 필요가 없다. 그야말로 노랫말처럼 '천만 번 더 들어도 기분 좋은 말 사랑해'다.

이처럼 부부 사이, 연인 사이, 부모와 자녀 사이에 가장 좋은 말이 '미안해, 사랑해, 고마워', 흔히 말하는 '미사고'다. 이 3가지 말보다 더 좋은 말은 세상에 없을 것이다.

여기서 우리가 한 가지 기억해야 할 것은, 거듭 말하지만 천국에서 쓰는 7가지 말들은 '져주는 대화'의 핵심이라는 사실이다. 자신을 낮추고 상대방을 존중하고 격려하고 관용과 배려로 감싸고 용서하는 것이야말로 지는 것이 아니라 져주는 것이다. 상대방을 받들어주고 자신을 버리는 대화가 져주는 대화다.

미국에서 성공학 강연으로 유명한 밥 버그Bob Burg와, 리더십과 성공학 관련 저술로 명성이 높은 존 데이비드 만John David Mann이 함께 쓴 《레이첼의 커피》라는 제목의 책이 있다.

성공의 갖가지 법칙들을 제시하고 있는 이 책에서 저자들은 "당신이 다른 사람에게 줄 수 있는 가장 소중한 선물은 자기 자신이다."라고 했다. 상대방을 위해 자기 자신을 버릴 때 얼핏 '상대방에게 졌다', '손해를 봤다'라고 생각할 수 있지만 그것은 착각이다. 상대방을 위해 져주면 오히려 더 많은 것을 얻을 수 있다. 그래서 성공할 수 있다고 이 책은 얘기하고 있다.

《레이첼의 커피》원제原題는《The Go-Giver》이다. 영어사전에 Go-Giver라는 단어는 없다. Go-Getter가 있을 뿐이다. Go-Getter는 자기 목적을 위해 자기가 원하는 것을 기어이 얻어내려는 사람을 가리키는 말이다. Go-Giver는 이 말의 반대 개념으로 저자들이 만든 말이라고 한다.

아낌없이 주는 사람, 과감하게 져주는 대화를 할 수 있는 사람이 Go-Giver이다. 상대방과의 대화에서 이기려고 하고 무엇인가 얻어내려고만 하지 말고 자신이 먼저 주고 져줄 수 있어야 한다. 이런 사람이 마침내 성공하고 승리한다.

사랑도 받는 사랑보다 주는 사랑이 참다운 사랑이라고 하지 않던가. 부부 사이에서도 배우자와의 말다툼에서 기꺼이 져주면 가정이 화목하다. 자기 자신보다 상대방을 배려하며 져주는 대화가 아름답다.

오스트리아의 유명한 사회심리학자 프리츠 하이더Fritz Heider가 제시한 '감정의 균형이론'이라는 것이 있다. 상대방이 자신을 존중하고 호감을 가지면, 자신도 그 감정에 보답하겠다는 마음을 저절로 갖게 된다는 이론이다.

자신을 내버리고 져주면 상대방의 마음을 얻어 마침내 더 큰 것을 얻을 수 있는 것이다. 크게 이기려면 자신이 먼저 더 크게 줘야 하는 이유가 여기에 있다.

말하는 것의 두 배를 들어라

유 대인들의 교훈 집이라고 할 수 있는 《탈무드》에 이런 대목이 있
다.

"신이 어째서 인간에게 두 개의 귀를 갖게 하시고, 입은 하나밖에 만
들어주시지 않았을까? 그것은 말하는 것보다 두 배를 들으라는 것을
가르치시기 위함이다."

화술話術, 즉 말하는 기술에서 대화의 기본은 상대방의 말을 귀 기울
여 듣는 경청이다. 《탈무드》에서 가르치듯이 자기가 하는 말보다 적어
도 두 배는 더 들어야 한다는 것이다. 너무 당연한 상식이어서 어느 대
화법이나 처세서, 자기계발서에서도 한결같이 경청을 강조하고 있다. 그
런데 그것을 굳이 또 지적하는 것은 이기는 대화든 져주는 대화든 경
청을 빼놓고 지나갈 수는 없기 때문이다.

말을 많이 하고 자기주장만 내세운다고 해서 상대방을 설득하고 이기
는 것은 아니다. 말을 많이 할수록 뜻하지 않게 말실수를 하거나 하지

말아야 할 말을 할 수 있고 거짓말과 과장된 표현이 나오기 쉽다. 그것은 당사자에게 큰 손해를 가져온다.

그뿐만이 아니다. 상대방에게는 말할 기회를 주지도 않고 자기 혼자 일방적으로 떠들어대면 상대방은 지루해하고 지겨워하며 집중하지 않는다. 말을 많이 하면 할수록 아무런 효과도 얻을 수 없는 것이다.

19세기 말에 활동했던 미국의 소설가 마크 트웨인Mark Twain에게 이런 일화가 있다.

어느 날, 교회에서 설교를 듣던 마크 트웨인은 목사의 훌륭한 설교에 감동해서 마음속으로 헌금할 준비를 하고 있었다. 그런데 목사의 설교가 끝없이 장황하게 이어지자 지루하고 지겨워진 그는 동전 몇 닢만 헌금해야겠다고 생각했다.

하지만 목사의 설교가 끝날 줄 모르고 계속해서 이어지자 그는 헌금을 한 푼도 내지 않겠다고 결심했다. 마침내 길고 긴 설교가 끝나고 신도들이 헌금을 할 때, 몹시 짜증이 난 마크 트웨인은 헌금을 하기는커녕 헌금 바구니에서 2달러를 꺼냈다.

물론 일방적인 설교와 서로 간의 대화는 다르지만, 어느 한쪽이 일방적으로 너무 말을 많이 하면 상대방은 지겹고 짜증이 나기 마련이다. 자기가 말하는 것보다 상대방의 말을 두 배는 더 듣는 것은 아주 지혜로운 태도다. 상대방보다 말을 적게 하니까 지는 것 같지만 결코 지는 것이 아니라 져주는 것이다.

상대방의 말을 많이 듣다 보면 얻는 것도 많다. 자기가 말을 많이 하면 배우는 것이 없다. 상대방의 말을 많이 들어야 배우는 것이 있다. 그러자면 자기가 말을 많이 하는 것보다 상대방의 말을 들으면서 질문을 많이 해야 한다.

영국 런던에서 창립되어 현재 미국 뉴욕에 본사가 있으며 세계 150개 국에 지사가 있는 세계 최대의 회계법인 회사 딜로이트Deloitte의 CEO였 던 짐 퀴글리Jim Quigley가 이런 말을 했다.

"많은 경우, 당신이 무엇을 말해야 할지 알 때보다 상대방에게 무엇을 물어야 할지를 알 때 더 큰 영향력을 행사할 수 있다. 자신이 말하는 동안에는 아무것도 배울 수 없다. 나는 남의 이야기를 열심히 들으면서 많은 것을 배웠다."

스스로 말솜씨가 부족하다고 생각하는 사람, 어눌한 사람, 워낙 말수 가 적은 사람이 아니라면 대화를 할 때 앞다퉈 말을 하려고 한다. 또 유 난히 말이 많은 사람이 있다. 상대방의 말을 가로막고 자기 말을 하거나 상대방이 말을 끝내기도 전에 나서는 사람들도 적지 않다.

앞에서 지적했듯이 말을 많이 하면 어쩔 수 없이 실언, 거짓말, 과장, 험담 등이 나올 수밖에 없다. 자기 혼자 떠들어대니까 아무것도 배우는 것이 없다. 상대방의 말을 열심히 듣고 질문하는 사람이 얼핏 지는 것 같지만 마침내 승자가 된다.

대부분의 경우, 말이 지나치게 많은 사람은 어디서나 비호감이며 말 을 적게 하는 사람이 호감을 준다는 사실을 쉽게 알 수 있다. 거듭 말 하지만 자기가 말하기보다 상대방의 말을 많이 듣는 것이 성공의 비결 이다.

가시 돋친 말을 삼가라

우리가 주고받는 말이 '천국에서 쓰는 7가지 말'처럼 좋은 말만 있는 것은 아니다. 서로 다툴 때 감정을 조절하지 못하고 내뱉는 거친 말이나 막말이 있는가 하면 욕설도 있다. 좋은 말, 고운 말과 비교하면 상대적으로 나쁜 말이 있다.

사회가 혼란스럽고 불안하면 불평불만이 늘어나고 그것이 지나치면 분노를 느낀다. 이러한 심리 상태에서는 감정 조절이 잘 안 되어 거친 말이나 막말이 난무한다. 요즘 우리가 사는 세상이 그렇다. 어디서나 갖가지 이유로 다툼과 시비가 흔하고 SNS에 입에 담을 수 없는 거친 말과 막말로 가득한 것도 그 까닭이다.

나쁜 말은 불특정 다수를 대상으로 할 때도 있지만 어떤 특정한 대상을 공격할 때도 있으며, 가까운 친구나 동료 사이에서도 예외가 아니다. 나쁜 말을 하는 이유는 대개 상대방을 제압하기 위한 것으로, 수단 방법을 가리지 않고 상대방에게 이기려고 하기 때문이다.

가까운 친구나 동료 사이에서 나쁜 말을 하는 경우는 심각한 오해나 예민한 사안에 대한 견해 차이, 정신적·물질적 손실, 양보할 수 없는 경쟁 등에서 비롯된다. 어찌 되었든 자신이 불이익이나 손해를 입지 않고 상대방을 제압해서 기어이 이기려고 할 때 서로 다툼과 시비가 벌어지고 그 과정에서 나쁜 말이 오가게 되는 것이다.

나쁜 말 가운데서 욕설보다도 더 나쁜 말이 '가시 돋친 말'이다. 가시 돋친 말이란 상대방을 말 한마디로 제압하려고 할 때, 또는 다툼에서 자신이 궁지에 몰렸을 때 악의적으로 내뱉는 말이다.

여러 해 전에 내가 직접 목격한 일이 뇌리에서 지워지지 않는다.

어느 유원지 입구에 노점상들이 줄지어 있는데, 큰 광주리에 담긴 사과를 파는 60대가량의 두 여인이 심하게 다투고 있었다. 이미 서로 잘 아는 사이 같았는데 좋은 자리를 놓고 다툼이 벌어진 듯했다.

한 치의 양보도 없이 서로 자기주장을 내세우면서 악을 쓰고 큰 소리로 거친 말과 막말을 마구 쏟아놓으며 치열하게 싸워, 그 옆을 지나던 사람들이 발길을 멈추고 싸움 구경을 하게 됐는데, 한 아주머니가 상대방에게 치명적인 한마디를 쏘아붙였다.

"똑바로 살아! 그 따위로 사니까 너희 아들이 사형수가 돼서 내일 죽을지 모레 죽을지 모르는 거라고!"

순간, 상대방 아주머니가 비명을 지르듯이 외쳤다.

"그래, 이년아! 내 아들 사형수다!"

그러면서 사과 광주리를 길 한복판으로 내던졌다. 사과가 사방으로 흩어져 제멋대로 굴러갔고, 아주머니는 주저앉아 대성통곡을 하는 것이었다. 마음이 아팠다. 아들이 어떤 끔찍한 범죄를 저질러 사형수가 됐는지 모르지만 그 어머니에게는 치유할 수 없는 한限이자 회복할 수 없는 깊은 상처일 것이다.

막말을 한 아주머니는 그런 사실을 잘 알면서 저주하듯이 상대방의 약점을 찔러 치명적인 상처를 건드린 것이다. 흉기를 휘두른 것보다 더 잔인했다. 구경꾼들도 대성통곡하고 있는 아주머니가 안쓰러워 길바닥에 흩어진 사과를 주워 광주리에 담아주기도 했지만 절반도 안 됐다.

그러한 말이 가시 돋친 말이다. 심각한 콤플렉스인 괴로운 약점, 잊고 싶은 과거의 상처, 감추고 싶은 부끄러운 비밀 등을 한마디로 쏘아붙여 상대방의 말문을 막고 고통을 주는 말이 가시 돋친 말이다. 욕설이나 상대방의 인격을 모욕하고 경멸하는 거친 말, 막말보다 훨씬 더 잔인한 말이 가시 돋친 말이다.

그런 말을 하는 사람은 쾌감을 느끼고 자신이 상대방에게 이겼다고 생각할지 모르지만 그것은 착각이다. 상대방과 자신의 인간관계를 완전히 단절하는 독약 같은 말이다. 가시 돋친 말을 한 사람은 자신이 내던진 말을 잊을 수 있지만 그 말을 들은 상대방은 영원히 잊지 못한다. 그 말 한마디로 상대방과의 유대감이나 친밀감은 끝이 나는 것이다.

말은 곧 인격이기도 하다. 상대방과 다투면서 욕설이나 거친 말, 험한 말이 오갈 수는 있지만 상대방의 치명적인 약점과 상처를 건드리는 가시 돋친 말을 하는 것은 자신의 모자라는 인격을 드러내는 행위다.

한번 내뱉은 말은 다시 주워 담지 못한다. 상대방과의 인간관계를 단절시키고 자신의 부족한 인격을 스스로 드러내는 가시 돋친 말은 절대로 하지 말아야 한다. 그것은 '촌철살인寸鐵殺人'의 사회 비평과는 다르다.

뒷담화를 삼가라

이른바 '뒷담화'를 모르는 사람이 없을 테니 설명할 필요는 없지만, 국어사전에 '뒤에서 말을 주고받는 행위 또는 그러한 말을 이르는 말'이라고 풀이하고 있다. 당사자가 없는 자리에서 그 사람에 대한 온갖 말을 주고받는 것이 뒷담화다.

특히 직장이나 군대에서 동료끼리 상사가 없는 자리에서 그의 행실과 그에 대한 불평불만이나 비난을 늘어놓는 뒷담화가 많다. 직장뿐 아니라 각급 학교에서 선생이나 선배, 동급생에 대한 뒷담화도 적지 않다. 많은 사람들이 함께 일하는 공동체의 구성원들 사이에서 뒷담화는 아주 흔한 일이다. 물론 가까운 친구들 사이에서도 뒷담화가 성행한다.

전문가들은, 개인의 프라이버시를 중요하게 생각하는 서양인들은 뒷담화를 많이 하지 않지만, 우리처럼 조직 문화를 중요하게 여기는 정서에서는 뒷담화가 많을 수밖에 없다고 진단한다.

뒷담화의 특성은 당사자 앞에서는 말을 못하다가 그가 없는 자리에서 동료나 친구끼리 그에 대한 불평불만, 험담, 비밀스런 소문 등을 늘어놓는 것이다.

그리하여 욕구불만이나 스트레스를 풀기도 하지만, 대부분의 뒷담화는 긍정적인 점보다 부정적인 점이 많기 마련이다. 그러한 특성 때문에 특정인을 고의적·악의적으로 음해하거나 불평불만을 드러내고 그에 대한 소문을 확대하고 과장함으로써 조작된 헛소문을 퍼뜨리기도 한다.

쉽게 말하면 대부분의 뒷담화는 어느 특정인에 대한 적대감에서 비롯한다. 당사자 앞에서는 그의 위세에 눌리거나 인간관계나 여러 상황으로 말미암아 솔직한 표현을 못하다가 그가 없는 자리에서 불만을 늘어놓고 은근히 비난하면서 한 걸음 더 나아가 서슴없이 험담을 한다. 그래서 앞에서는 말을 못하기 때문에 '뒷담화'다.

대부분의 뒷담화는 타인에 대한 불평불만과 은근한 적대감에서 오는 험담이다. 어떤 이유로든 그를 미워하기 때문에 험담, 과장된 부정적 평가, 헛소문 등으로 그를 비난하는 것이다.

뒷담화를 주고받는 동료나 친구끼리는 그러한 감정을 공유하거나 자신의 말에 동조하고 동의할 것으로 믿는다. 뒷담화를 주고받음으로써 동료 간의 친밀감과 유대감을 두텁게 하고 자신의 불만을 알리려는 것이다. 또한 뒷담화를 통해 새로운 정보를 얻기도 한다. 하지만 역시 뒷담화의 핵심은 타인에 대한 험담이다.

우리처럼 조직 문화를 강조하는 사회에서는 구성원 사이의 위계질서와 서열 의식이 분명하고 타인에 대한 관심이 많기 때문에 조직 내에 불평불만이 많고, 그러한 감정을 표출하자니 자신의 입장을 합리화하기 위해 타인에 대한 험담이 많은 것은 당연한 현상이기도 하다.

조직 문화가 자리 잡고 있는 한 뒷담화는 사라지지 않는다. 자신이 뒷담화를 삼가더라도 동료가 자기 앞에서 뒷담화하는 것을 막을 수는 없다. 어쩔 수 없이 동료의 뒷담화를 듣게 되더라도 그와 한통속이 되어 특정인을 험담하는 일은 절대로 삼가야 한다.

　험담을 삼가는 일은 자신의 인간관계나 처세에 매우 중요할뿐더러 자신의 품격을 유지한다는 차원에서도 중요하다. 발 없는 말이 천 리 가고, 낮말은 새가 듣고 밤말은 쥐가 듣는다. 험담은 반드시 언젠가는 당사자의 귀에 들어간다.

　함께 험담을 한 동료가 나중에 그 험담을 당사자에게 직접 고자질하지는 않더라도 험담하는 자리에 없었던 또 다른 동료에게 전달할 수 있다. 그러면 그 험담이 소문이 된다.

　소문이란 점점 확대되고 부풀려지는 속성이 있다. 가령 동료끼리 "그래 맞아. 김 부장 그 인간, 성질이 그러니까 부부 사이도 불화가 심하다고 하더라고……" 이런 험담을 했다면 그것이 갈수록 부풀려지고 변질된다.

　"김 부장은 부부 불화로 매일 싸운다고 하더라."

　"김 부장은 가정폭력으로 아내가 가출했다더군."

　"김 부장이 부부 불화가 심한 건 다른 여자가 있기 때문이래."

　"김 부장에게 내연녀가 있대."

　"김 부장이 이혼했다는 얘기가 있어."

　이런 식으로 갈수록 부풀려지고 변질되어 마침내 엉뚱한 헛소문이 된다. 어쩌다 이런 헛소문을 듣게 된 김 부장은 황당할 것이다. 그리고 터무니없는 헛소문을 퍼뜨린 자가 누군지 찾아내려고 할 것이다. 한마디 사소한 험담으로 조직 내에 큰 혼란이 일어날 수 있으며, 그런 험담을 처음 꺼낸 사람이 밝혀지면 큰 싸움과 불이익이 생길 수 있다.

오죽하면 석가모니도 "남의 잘못을 드러내지 마라. 만약 부득이하게 남의 허물을 드러내고자 한다면 때를 놓치지 말고 제때에 해야 하며, 거짓이 아닌 진실이어야 하고, 그에게 이로움을 주기 위한 것이어야 하며, 말이 부드러워야 하고, 인자한 마음으로 해야 한다."고 했다.

타인에 대한 험담은 이유야 어떻든 그를 미워하는 데서 비롯한다. 어느 공동체에서든 허물 없이 성장하고 발전해 나가려면 무엇보다 남을 미워하지 말아야 한다. 자신이 좀 불이익을 당하고 스트레스를 받는 일이 있더라도 사람을 미워해서는 안 된다. 미움이 커지면 증오심과 적개심으로 발전하여 험담을 하게 된다.

험담은 결국 그 대상에게 지기 싫다는 빗나간 욕구에서 나온다. 너그럽게 져주면 된다. 져주면 그를 미워하지 않게 된다. 1938년 노벨문학상을 받은 미국의 소설가 펄 벅Pearl C. Buck은 "인생에서 가장 중요한 것은 남을 미워하지 않는 것이다."라고 말했다.

남을 험담하기 전에 자기 자신을 냉정하게 반성해볼 필요가 있다.

"남들이 나를 험담하지 않을까?"

"나를 험담한다면 어떤 점을 비난할까?"

"과연 나는 남을 험담할 만큼 허물이 없는가?"

〈홍당무〉 등으로 유명한 19세기 프랑스의 소설가 르나르Jules Renard는 "타인의 결점을 눈으로 똑똑히 볼 수 있는 것은 바로 우리들 자신에게도 그런 결점이 있기 때문이다."라고 했다.

그렇다. 네 흉이 내 흉이다. 다른 사람을 험담하는 것은 그야말로 '누워서 침 뱉기'다. 남을 미워하지 않고 남을 험담하지 않는 사람은 언제나 떳떳하며 편안한 마음을 지닐 수 있다.

지는 게 이기는 것이다

상대방이 이기도록 하는 게 내가 이기는 길이네.
상대방을 배려하게. 상대방의 이익이 뭔지 살피고 그 사람의 뒤를 돌봐주게. 50대 50 따위는 잊어버려. 그건 무조건 지는 전략이라네. 100퍼센트 승리를 거두는 전략은 바로 100퍼센트를 주는 거야. 상대방이 이기도록 하는 게 바로 내가 이기는 길이지. 다른 사람의 승리에 집중하는 걸세. 그게 엄청나게 성공하는 길일세.
— 밥 버그·존 데이비드 만 저, 《레이첼의 커피》에서

져주는 대화에도
요령이 있다

15의 법칙과 30초의 법칙

인간들이 구사하는 대화의 형태는 매우 다양하다. 두 사람이 서로 주고받는 대화, 각종 모임에서 여러 사람들이 두서없이 주고받는 대화, 여러 사람이 두 편으로 나뉘어 치열하게 자기네 주장을 내세우는 대화, 여러 사람이 한 사람을 공격하는 대화 등 그 형태가 매우 다양하다.

그런가 하면 주제나 화제가 뚜렷한 대화도 있고 제멋대로 자신의 관심사를 얘기하는 중구난방식의 대화도 있다. 상대방이 무슨 말을 하든 제대로 듣지도 않고 우격다짐으로 자기주장만 내세우는 대화도 있고, 욕설이 난무하고 때로는 주먹질이 오가는 험악한 대화도 있다.

대화가 거칠어지는 것은 감정이 개입되고 무조건 자기가 이기려는 이기심으로 평정심을 잃기 때문이다. 흔히 벌어지는 아파트 층간 소음 문제, 보복 운전, 친구나 선후배 사이에서 사소한 시비가 폭력 사태로 확대되는 것도 그 때문이다. 상대방을 배려하지 않고 자기주장을 끝까지 고집하며 상대를 제압하려고 하면 차분한 대화, 정상적인 대화는 불가능하다.

정상적인 대화가 이루어지지 않으면 대화를 통한 변화와 진전도 기대할 수 없다. 그냥 제각기 자기주장만 내세우다가 결말 없이 끝나거나, 감정이 북받쳐 폭력을 휘둘러 상황을 더욱 악화시키거나 인간관계가 틀어져 앙숙이 되는 경우가 대부분이다.

대화에 감정이 개입되는 경우는 크게 두 가지다.

첫째, 상대방을 만나 대화를 하기 전에 이미 감정이 고조되어 있는 경우다. 이를테면 아파트 층간 소음 문제로 몇 차례 다툼이 있었음에도 소음이 여전하다면 대화를 하기도 전에 잔뜩 화가 나 있는 상태이기 때문에 거친 말부터 시작하게 된다.

둘째, 별다른 감정이 없었지만 상대방과 대화하는 과정에서 견해차가 심해지는 경우다. 상대방이 주장을 굽히지 않으면 시비와 다툼이 벌어지며 점차 분노가 고조되어 서로 거친 감정을 표출하는 것이다.

하지만 대화가 감정 대립으로 변하면 양쪽 모두 아무것도 얻지 못하고 서로 나쁜 감정만 갖게 된다. 이 같은 상황을 효과적으로 끝내는 방법은 역시 '져주는 대화'를 하는 것이다. 자신이 먼저 감정을 다스리는 것이 효과적이다.

내가 먼저 분노를 억누른다고 해서 지는 것이 아니다. 흔히 말하는 상대방의 기세에 눌려 '꼬리를 내리는' 것도 아니다. 오히려 심각한 충돌과 대립을 피함으로써 결과적으로 원만한 인간관계를 유지하면서 상대방의 양보를 얻어낼 수 있다.

그렇다면 어떻게 과격해지는 감정을 다스릴 수 있을까?

전문가들은 15초만 참으면 된다고 한다. 이것이 '15의 법칙'이다. 의학자 우종민 교수는 "화가 날 때 순간적으로 욱하면서 분노 호르몬이 급상승한다. 분노 호르몬은 15초면 정점을 찍고 분해되기 시작한다. 그리고 15분이 지나면 거의 사라진다. 분노 조절에는 15라는 숫자가 중요하다. 한 번 기분 나쁘게 한 것은 열다섯 번 기분 좋게 해야 만회할 수 있다."고 했다.

상대방과 원만한 관계를 유지하거나 자신이 원하는 것을 얻어내려면 '15의 법칙'을 기억하라. 불쾌하고 몹시 화가 난 상태에서 상대방을 만나야 한다면 잠시 호흡을 가다듬고 15분만 견디면 흥분이 가라앉는다. 그다음에 상대방을 만나자.

이를테면 아파트 층간 소음 문제로 다툼이 벌어지고 있는 경우를 보자. 아래층 사람이 잔뜩 화가 나서 위층을 찾아가 다짜고짜 소리를 지른다.

"이봐, 너무 시끄러워서 견딜 수가 없다고 내가 몇 번이나 얘기했어? 내 말이 말 같지 않아? 엉?"

하면서 윽박지르면 상대방도 기분이 상해 거친 말로 응수한다.

"아이들이 뛰며 노는 것을 어쩌란 말이야? 당신은 아이 안 키워봤어? 그렇게 시끄러워서 못 견디겠으면 이사 가면 될 거 아냐?"

이쯤 되면 싸움이 벌어지는 것은 뻔한 일이다. 아무런 변화도 없고 얻어내는 것도 없다. 이럴 때 '15의 법칙'을 적용해보자. 격한 감정을 다스리고 나서 위층 사람에게 이렇게 말해보자.

"자꾸 찾아와서 죄송합니다. 아래층이다 보니 너무 시끄러워 견디기 힘듭니다. 아이들에게 조금만 조심해 달라고 타이르시면 안 될까요?"

이렇게 부드럽고 정중하게 말하면 위층 사람도 화를 내지 못할 것이다.

"죄송합니다. 저희 아이들에게 단단히 주의를 주겠습니다."

위층 사람도 이렇게 부드럽게 응수하면서 아이들에게 주의를 줄 것이다. '15의 법칙'을 명심하고 15초, 15분을 참으며 감정을 다스린다면 화를 내며 싸우는 것보다 훨씬 큰 성과를 얻어낼 수 있다.

원만한 대화, 효과적인 대화를 이끌어가기 위한 '처음 30초의 법칙'도 있다.

미국의 세계적인 리더십 전문가인 존 맥스웰John C. Maxwell은 그의 저서 《매일 읽는 맥스웰 리더십》에서 이렇게 말했다.

"누구나 자신에게 주의를 기울이고 지지해주고 공감해주는 사람을 만나면 호감을 갖는다. 사람을 만나면 처음 30초 동안은 온전히 그 사람에게 집중해보라. 어떤 식으로든 그의 말에 동의하고 공감을 표현해보라. 놀라울 정도로 긍정적인 반응을 보게 될 것이다."

이것 역시 '져주는 대화'를 강조하고 있다. 어떤 이유로든 상대방을 만나자마자 자신의 목적을 달성하기 위해 자기주장부터 내세우고, 상대방을 제압하려고 그의 말을 막으며 혼자 떠벌리고 설쳐대면 결과적으로 아무것도 얻지 못한다.

처음 30초 동안은 상대방에게 집중하라는 것이다. 상대방을 존중하며 그에게 먼저 말할 기회를 주고, 그의 말에 동의하며 공감을 나타내면 상대방도 마음을 연다. 그리고 겸손하게 자기 견해를 얘기하고 도움을 기대하면 상대방도 가능하면 도움을 주려고 할 것이다. 말하자면 져주면서 자신이 원하는 것을 얻어내는 것이다.

현명한 사람들의 7가지 말하는 특징

유대인들이 윤리 교육을 위해 조상들로부터 전해지는 잠언을 모아 놓은 《피르케이 아보트Pirkei Avot》라는 교훈집이 있다. 여기에 '현명한 사람들의 7가지 말하는 특징'이 기록되어 있다.

– 자기보다 현명한 사람 앞에서는 함부로 말하지 않는다.
– 동료의 말을 가로막지 않는다.
– 성급하게 답하지 않는다.
– 주제에 맞게 질문하고 간결하게 답한다.
– 두서(앞뒤)를 가려서 말한다.
– 제대로 듣지 못한 것은 이해하지 못했다고 말한다.
– 진실을 인정한다.

흔히 말이란 저절로 입에서 나오는 것으로 여기지만 말에는 말하는 사람의 생각과 인격과 품격이 담겨 있다. 자신의 머릿속에 있는 생각을 입을 통해 말로 표현하는 것이며, 말의 많고 적음, 말의 수준, 쓰이는 낱말, 말하는 태도와 감정 등에 말하는 사람의 인격과 품격, 교양이 고스란히 담겨 있는 것이다.

따라서 상대방이 하는 말을 들어보면 그 사람의 사고와 가치관, 인격과 교양을 곧바로 짐작할 수 있다. 말하는 사람은 자신의 생각을 말로 표현하지만, 거꾸로 우리 뇌세포의 98%가 말의 지배를 받는다고 한다. 그리하여 말에는 행동을 유발하는 견인력이 있어 말하는 사람의 됨됨이, 즉 품행을 드러내게 되는 것이다. 그런 의미에서 《피르케이 아보트》에서 말하는 현명한 사람들의 대화법은 우리에게 좋은 교훈이 될 만하다.

현명한 사람이란 지혜롭고 슬기롭고 학식이 풍부한 사람이다. 자기보다 현명한 사람 앞에서 잘난 척하거나 똑똑한 척 마구 떠들어대며 설쳐대는 것은 어리석은 짓이며 스스로 자신의 품격을 떨어뜨리는 짓이다. '공자孔子 앞에서 문자 쓴다'는 지나간 옛말도 그런 사람을 경계하는 말이다.

자신보다 현명한 사람과 대화할 때는 함부로 말하거나 많은 말을 하지 않는 것이 상책이다. 겸손한 태도로 듣기에 치중하며 배우려는 자세를 갖는 것이 오히려 자신의 품격을 높여준다.

내가 사는 동네 큰길 옆에 구두를 수선하는 작은 점포에 닳아버린 구두 뒷굽을 갈려고 들렀다. 60세가 넘어 보이는 수선공은 뒷굽을 가는 동안 잠시도 쉬지 않고 종교와 인생에 대해 늘어놓았다. 독실한 기독교 신자 같았는데 하나님을 믿지 않으면 지옥에 간다는 식의 일방적인 신앙관과 어설픈 인생관이 듣기 거북할 정도였다.

대화는 상대방에 따라 화제나 주제도 달라져야 한다. 그는 거의 반 평생을 구두 수선으로 살아왔을 것이다. 그가 구두에 대해서 얘기했다면 아무리 말을 많이 해도 나는 경청했을 것이며 궁금한 점들을 질문했을 것이다. 구두에 대해서는 나보다 훨씬 많은 전문 지식이 있을 테니 말이다.

그다음부터는 그에게 구두 수선을 하지 않는다. 그의 일방적인 종교 관이나 동의하기 어려운 어설픈 인생관을 더 이상 듣고 싶지 않기 때문이다. 그렇다고 해서 내가 그의 인생관이나 종교관에 대해 이렇다 저렇다 대꾸할 까닭도 없지 않은가.

대화의 과정에서 상대방이 너무 말을 많이 하며 일방적으로 떠들어 대는 것도 듣기 지겹고 짜증이 나지만 내가 말하는 도중에 말 가로막거나 잘라버리고 또다시 혼자 떠들기 시작하면 몹시 불쾌하다. 내가 하고 싶은 말을 무시하듯이 잘라버리고 화제를 바꾸면 더욱 화가 난다.

더구나 아랫사람이나 나이가 어린 상대방이 말을 가로막거나 잘라버리고 무시하면 견디기 어렵다. 그 때문에 언성이 높아지고 다툼이 벌어지기도 한다. 상대방의 말을 가로막고 자르는 사람을 '버릇없는 인간'이라고 한다. 당연히 예의가 없는 사람이며 전형적인 비호감 인물이 된다.

대화를 하면서 상대방이 질문을 할 때는 신중하게 생각해서 간결하게 대답해야 한다. 장황한 설명은 말이 많아지므로 바람직하지 않다. 내가 질문할 때도 갖가지 설명을 늘어놓기보다 상대방에게 핵심만 묻는 것이 좋다.

친구나 동료처럼 가까운 사람과 특별한 목적 없이 만나 대화할 때는 화제나 주제가 제멋대로이며 대화의 앞뒤가 없다. 물론 그렇더라도 친목을 다지는 만남이기 때문에 큰 문제가 없다. 하지만 목적이 있는 대화, 예의를 지켜야 할 사람과의 대화에서는 인사말이 끝나면 주제나 화제에 대해 정중하게 말해야 하며 이야기의 순서가 있어야 한다. 글쓰기에 '기승전결'이 있듯이 대화에도 기승전결이 있는 것이다. 그래야만 질서 있고 조리 있게 대화가 진전된다.

상대방의 말을 제대로 듣지 못했거나 잘 이해하지 못했다면 체면을 생각하지 말고 다시 묻는 것이 좋다. 다만 "뭐라고요?", "그게 무슨 말이죠?", "지금 무슨 말을 하시는지 모르겠네요." 따위의 무례한 표현보다 정중하게 "죄송합니다. 지금 하신 말씀 잘 이해를 못했습니다." 하며 다시 묻는 것이 좋다.

대화를 하면서 서로 견해차가 생기더라도 자기주장만 내세우거나 무조건 자기가 옳다고 고집하면 대화를 망친다. 상대방의 말을 잘 듣고 이해하려고 노력해야 한다. 특히 자신의 생각과 다르더라도 진실은 솔직하게 인정해야 한다. 사실 어떤 진실은 하나라고 할 수 있다. 진실에는 견해차가 있을 수 없다.

《피르케이 아보트》에서 가르치고 있는 현명한 사람들의 대화법은 역시 '져주는 대화'라는 사실이다. 상대방을 존중하고 배려하며 겸손한 태도로 예의를 지키는 대화가 바로 져주는 대화다. 하지만 이는 결코 지는 대화가 아니다. 현명하게 자신이 져주는 대화를 할 때 상대방도 자신을 존중하고 배려한다. 그럼으로써 이기려는 대화보다 더 많은 것을 얻을 수 있다. 그리하여 진정한 승자가 될 수 있다.

상대방의 약점을 건드리지 마라

인간이 신이 아닌 이상 완벽한 사람은 없다. 누구에게나 약점이 있고 결점이 있기 마련이다. 그리고 사람에 따라 약점이나 결점이 평생 콤플렉스가 되기도 한다.

약점이나 결점은 성격, 생활 태도, 습관에 기인하기도 하지만 외모나 신체적인 결함, 결손가정, 심각한 부부 갈등, 별거나 이혼 등 가정의 문제, 과거의 씻을 수 없는 과오, 수치스러운 비밀 등 다양하기 때문에 전혀 약점이나 결점이 없는 사람은 있을 수 없다.

일반적으로 최소한의 교양을 갖춘 사람은 어떠한 상황에서도 상대방의 치명적인 약점은 절대로 얘기하지 않는다. 그것이 교양이고 예의다. 그런데 어떤 이유로 서로 심하게 다투면서 상대방을 비난하는 상황에 맞닥뜨리면 상대방을 궁지에 몰아넣고 완전히 제압하기 위해 치명적인 약점을 들춰내며 비아냥거리고 조롱하는 것이다.

상대방의 약점 들추기는 보편적으로 남자보다 여자가 심한 편이다. 인간의 본성을 살펴보면 여자는 남자보다 기억력이 좋다. 인류 진화의 산물인 것이다.

　인류가 수렵과 채집으로 살아가던 원시시대, 사냥하는 남자들은 먹을거리가 될 동물들이 언제 어디에 나타날지 모르기 때문에 특별히 기억할 필요가 없었다. 하지만 열매 따위를 채집하는 여자들은 열매나 견과류가 많은 곳을 기억해두면 언제든지 수확할 수 있기 때문에 그 장소를 기억해뒀는데 그러한 DNA가 여자들에게 전해지고 있는 것이다.

　따라서 남자들은 상대방의 치명적인 약점 따위를 굳이 기억하려고 하지 않고 또 알고 있어도 곧 잊어버린다. 하지만 여자들은 과거를 잘 기억하고 남들의 약점이나 결점도 오래도록 기억한다. 그러다가 다툼이 일어 물러설 수 없는 상황에서 상대방의 약점을 건드리는 것이다.

　남의 약점을 건드리는 것은 비겁하고 졸렬한 짓이다. 치명적인 약점이나 감추고 싶은 콤플렉스를 지적당하며 조롱과 비웃음거리가 된 당사자는 견딜 수 없는 수치심 때문에 평정심을 잃고 우발적이고 엉뚱한 행동을 하기 쉽다. 자신의 약점을 건드린 상대방에게 순간적으로 폭력을 행사하거나 흉기를 휘두르거나 서로 상대방의 약점 들춰내기 경쟁을 하는 것이다. 그리하여 두 사람의 관계는 단절되기 일쑤이며 다시 관계를 회복하려면 꽤 오랜 시간이 걸린다.

　그 누구에게든 약점이나 결점은 좀처럼 지워버릴 수 없는 마음의 깊은 상처다. 그것을 알면서도 상대방의 약점을 건드리는 잔인하고 비열한 인간은 사실 상대방보다 더 큰 약점과 결점이 있다. 그들은 대부분 부정적 마인드를 가진 사람들이다.

　사람에 따라 긍정적 마인드를 가진 사람이 있는가 하면 부정적 마인드를 가진 사람이 있다. 긍정적 마인드를 가진 사람은 항상 긍정적이고 낙관적이며 낙천적으로 살아간다. 그런 까닭인지 성공한 사람들 가운데는 긍정적 마인드를 가진 사람들이 압도적으로 많다.

부정적 마인드를 가진 사람은 무엇이든 부정적이고 비관적으로 생각한다. 낙관적 마인드를 가진 사람들은 '할 수 있다.'고 생각하는데 부정적 마인드를 가진 사람들은 '못해.', '그건 안 돼.', '그걸 할 수 있겠어?' 하며 비관적인 생각을 앞세우는 것이다. 사람을 사귀고 인간관계를 맺는 과정에서도 긍정적 마인드를 가진 사람은 상대방의 장점을 먼저 보는데, 부정적 마인드를 가진 사람은 상대방의 약점과 결점과 단점부터 보려고 한다.

상대방을 평가할 때도 약점이나 결점을 먼저 지적한다. 보편적으로 이런 사람들이 말다툼을 하다가 감정이 격해지면 상대방의 약점을 건드린다. 상대방의 약점을 들추어서 고통을 주는 것은 수단 방법을 가리지 않고 상대방에게 이기려는 이기심 때문이다. 스포츠로 말하면 반칙을 해서라도 이기려는 욕심이나 다름없다.

치명적인 약점을 들춰냄으로써 상대방을 궁지에 몰아넣고 제압하는 쾌감은 있을지 모르지만 그런 야비한 술책으로는 결코 승자가 될 수 없다. 상대방은 진 것이 아니라 고통을 받을 뿐이다.

일찍이 공자도 "군자는 타인의 좋은 점을 말하고 약점은 말하지 않는다. 반대로 소인은 타인의 좋은 점은 말하지 않고 약점만 말한다."고 한바 있다.

남의 약점을 들춰내 아무것도 얻지 못하고 소인배, 비열한 인간이 되는 것은 무지하고 어리석은 짓이다. 상대방의 약점을 찾기보다 장점을 먼저 봐야 한다. 대화를 할 때 상대방을 칭찬하는 데 인색하지 말아야 마침내 승자가 될 수 있다. 자신을 낮추고 상대방을 진솔한 마음으로 칭찬하는 대화, 그것이 진정한 '이기는 대화'다.

극단적인 표현, 관계를 해치는 표현을 삼가라

말은 살아 움직이는 생물이다. 말은 그 말을 하는 사람들의 환경과 여건, 문화와 문명의 발달, 사회 변화에 따라 끊임없이 변화하며 진화한다. 새로운 말들이 생겨나는 것이다.

남북한은 한민족, 한겨레로 같은 말을 사용한다. 그러나 남북 분단이 고착되고 장기화되면서 남한의 말과 북한의 말에 점점 큰 차이가 생겨나고 있다. 이러한 상태가 더욱 오래 이어지면 남북 간에 서로 말이 안 통하는 날이 올지도 모른다. 말이 끊임없이 변화하기 때문이다.

요즘 줄임말과 같은 신조어들이 많이 생겨나고 있다. 은어나 속어도 수없이 만들어지고 있다. 주로 젊은 세대들이 사용하는 신조어를 기성세대들은 잘 이해하지 못한다. 그것도 언어의 차이다.

이처럼 새로운 말들이 생겨나는 과정에서 가장 앞서가는 것이 욕설과 투쟁적인 언어들이다. 언어학자들 가운데는 인간끼리의 다툼과 갈등이 말의 진화를 주도하며 새로운 말들을 만들어낸다고 주장하는 학자들도 있다.

서로 가까운 사이든 먼 사이든, 어떤 이유로 다툼이 벌어지면 그 어느 쪽도 지지 않으려고 하기 때문에 감정이 차츰 격화되기 마련이다. 그에 따라 언성이 높아지고 으름장을 놓기도 하고 욕설이 오가고 극단적인 표현들을 마구 쏟아놓는다. 상대방에게 자신의 위세를 보이고 강력하게 제압하려는 의도다.

불량배들의 말이 거친 것도 그 까닭이다. 논리에 맞지 않는 말, 좀처럼 들어주기 힘든 상소리와 욕설, 위협적인 표현들을 거침없이 쏟아내어 상대방을 억지로 제압하려는 것이다. 양쪽이 모두 이런 상황이면 거의 어김없이 말싸움 다음에는 폭력이 뒤따른다.

일반인들이나 폭력배들뿐이 아니다. 우리 정치도 큰 차이가 없다. 한 정치평론가는 우리나라 정치인들을 세 부류로 나누었다. 무지한 자, 천박한 자, 무지하고 천박한 자가 그것이다. 무지하고 천박하다는 것은 말하는 태도나 내용을 말하는 것이다. 일리 있는 지적이다. 정치인들처럼 여야가 서로 극단적인 표현, 막말을 주고받는 집단도 드물 것이다. 그래서 많은 사람들이 정치인들에게 환멸을 느낀다.

미국의 45대 대통령 도널드 트럼프Donald Trump는 대통령 선거 유세에서 막말과 극단적인 표현으로 큰 화제를 낳았다. 기성 정치와 정치인들의 말장난에 환멸을 느끼던 사람들이나 먹고살기에 바빠 교양 따위에는 관심이 없는 사람들이 크게 환호하며 그를 지지했다. 말을 알아듣기 쉽고 어딘지 후련함이 있기 때문이다.

그러나 일반적인 인간관계에서 극단적이거나 관계 단절을 선언하는 듯한 표현은 반드시 삼가야 한다. '쓰레기 같은 인간', '다시는 상종할 가치가 없는 인간', '개나 돼지만도 못한 인간', '아무 짝에도 쓸모없는 인

간' 따위가 욕설 아닌 욕설이고 극단적인 표현이며 서로 알고 지낼 가치
도 없다는 관계 단절의 표현이다.

물론 감정이 격해지다 보면 자기도 모르게 그런 말들이 나올 수 있겠
지만, 상대방을 철저하게 경멸하며 모멸감을 주는 것은 상대방을 '저주'
하는 것이나 다름없다. 인간관계에서 절대적으로 피해야 할 감정이 상
대방을 저주하는 것이다. 상대방을 저주하는 말은 욕설이나 폭언을 넘
어서서 말을 흉기로 사용하는 것과 다름없다. 그야말로 총칼보다 더 무
서운 흉기다. 저주는 원한보다 더 극단적인 감정이다. 원한은 용서할 수
있지만 저주는 용서할 수 없는 것이다.

지금 당장은 분노가 지나쳐서 상대방을 저주하지만 우리 삶은 미래
를 알 수 없는 것이다. '원수를 외나무다리에서 만난다'는 속담처럼 자신
이 저주하는 상대방을 언제 어디서 만날지 모르는 일이다. 더구나 저주
하는 상대방으로부터 반드시 도움을 받아야 할 일이 있다면 어찌할 것
인가.

극단적인 표현, 관계 단절의 표현은 그 사람의 품격과 교양을 나타내
는 것이기도 하다. 스스로 자신을 폄하하는 행위이며, 그로써 자칫하면
최악의 상황과 궁지에 몰려 고통을 받을 수 있다. '쥐도 궁지에 몰리면
돌아서서 고양이를 문다'는 속담이 있다. 아무리 분노가 솟구쳐도 대화
과정에서 상대방을 저주하는 표현만큼은 삼가야 한다. 인간관계는 얽
히고설켜 있어서 언제 어떻게 저주했던 상대방과 다시 만나게 될지 모
른다.

거짓말은 대화의 적이다

'거짓말'은 사실이 아닌 것을 사실처럼 꾸며서 말하는 것이다. 바꿔 말하면 말로써 그럴듯하게 남이나 상대방을 속이는 것이다. 당연히 거짓말은 비양심적인 행위다. 사기꾼처럼 남을 속여 부당한 이득을 보는 범죄자들도 있다.

거짓은 사실 또는 진실의 반대말이다. 대화에서의 거짓말뿐만 아니라 허위 과장, 축소, 왜곡 등도 거짓된 것이다. 사실 또는 진실과 다르게 말하고 표현하는 것은 모두 거짓말이라고 할 수 있다.

하지만 인간이기에 거짓말을 전혀 하지 않고 살기는 어렵다. 거짓말은 상대방을 속이는 것이지만 상대방에게 아무런 피해도 주지 않을뿐더러 오히려 도움을 주기 위한 선의의 거짓말도 있기 때문이다. 상대방에게 용기를 주고 격려하기 위해 부풀려 칭찬을 하거나 그가 알면 마음의 상처를 입을 어떤 사실을 감추고 다르게 말하는 것도 거짓말이지만 악의가 없는 것이 선의의 거짓말이다.

그렇지만 대부분의 거짓말은 자신의 이익이나 편의를 위해서 또는 사

실과 다르게 과장하고 과시함으로써 우위에 서거나 행동을 합리화하고
자 상대방을 속이는 행위다. 그 때문에 거짓말에 속는 사람은 어떤 식
으로든 피해를 입거나 사실과 진실을 잘못 알 수밖에 없다.

더욱이 거짓말을 하는 것이 습관이 되어 상습적으로 거짓말을 하는
사람들도 있다. 이런 사람들은 거침없이 자연스럽게 거짓말을 하기 때문
에 겉으로 잘 드러나지 않아 거짓말인지 사실인지 분별하기도 어렵다.

상습적으로 거짓말을 하는 사람pathological liar은 병적인 심리 상태로
정상적으로 보기 어렵다. 정신적으로 문제가 있는 사람이다. 또한 상습
적으로 거짓말하는 사람은 언젠가 반드시 거짓말이 드러나기 때문에
신뢰를 잃고 신용이 떨어져 어쩌다 진실을 얘기하더라도 주위 사람들
은 믿지 않고 항상 그를 경계한다. 이렇게 되면 원만한 인간관계는 도저
히 불가능하다.

그런가 하면 '공상적 허언증'이라는 정신 질환도 있다. 자신의 거짓말
을 자기 스스로 사실이라고 믿는 것이다. 처음에는 자신을 과시하거나
남들에게 인정받기 위해 학력이며 경력 등을 속여 거짓말을 하다가, 이
런 상황이 오랫동안 지속되면서 자기 스스로 자신의 거짓말을 사실로
착각한다. 또한 타인에게 피해를 주든 안 주든 상관없이 자신이 내세운
거짓 환경이나 여건, 신분 따위를 사실로 착각하고 그에 걸맞은 행동과
거짓말을 하는 것이다.

그러나 주위에는 반드시 진실을 아는 사람들이 있기 마련이어서, 그
의 거짓말은 언젠가 드러나 비웃음거리가 되고 마침내 주위 사람들은
그를 외면하거나 그의 말을 믿지 않는다. 거짓말의 속성은 진실이나 사
실이 아니기 때문에 시간이 흐르면 거짓말을 한 사람은 자신이 한 거짓

말을 잊기 쉽다. 그래서 자기가 했던 거짓말과 다른 말을 했다가 거짓말을 했다는 사실이 밝혀지는 것이다.

미국의 유명한 소설가 마크 트웨인이 "언제나 진실을 말해라. 그러면 당신이 말한 것을 기억할 필요가 없다."고 했듯이 항상 진실을 얘기하면 아무런 걱정이 없다. 거짓말하는 사람은 자기가 말한 거짓말을 기억해야 하는 부질없는 노력을 하면서 자기 스스로 어려운 처지에 빠지고 만다.

거짓말은 거짓말을 낳는다. 한번 거짓말을 하면 그 거짓말을 합리화하고 진실인 것처럼 꾸미기 위해 또 다른 거짓말을 해야 한다. 심리학자들은 한 가지 거짓말을 사실인 것처럼 하기 위해서는 또 다른 거짓말을 일곱 번이나 해야 한다고 말한다. 거짓말을 합리화하기 위해 자꾸 거짓말을 계속하면서 그야말로 거짓말쟁이가 되는 것이다.

거짓말하는 사람들은 자신의 거짓말이 통할 것으로 착각하지만 그것은 일시적일 뿐이다. 진실이나 사실은 변하지 않기 때문에 마침내 거짓말은 들통이 나고 실없는 사람, 믿을 수 없는 사람이 됨으로써 자신의 가치를 크게 떨어뜨린다.

더욱이 거짓말을 하는 사람은 자신이 완벽하게 거짓말을 하는 것 같지만, 대개의 경우 상대방이 당장 알아차린다. 아주 능청스럽고 상습적인 거짓말쟁이라면 모를까, 어쩌다 거짓말을 하는 사람은 표정이나 말투에서 티가 나기 마련이다.

이를테면 거짓말하는 사람은 같은 말을 되풀이하거나, 목소리가 너무 크거나 작거나, 말을 지나치게 빨리 하거나 많이 함으로써 상대방이 의심하게 만든다. 그뿐만 아니라 표정이 자연스럽지 못하고 말을 더듬거나 횡설수설하기도 한다. 따라서 웬만하면 누구나 상대방의 거짓말을 알아차릴 수 있다. 수사할 때 사용되는 거짓말탐지기도 거짓말할 때의 불안감이나 감정 변화를 분석함으로써 거짓과 진실을 밝혀내는 것이다.

대화할 때 상대방이 거짓말을 하고 있다고 판단되면 어찌해야 할까?

상황에 따라 곧바로 거짓말을 지적하며 맞서거나 추궁하고 질책할 수도 있지만, 원만한 인간관계를 위해 상대방의 입장을 배려해서 거짓말에 속아주는 척하는 것도 지혜이며 져주는 대화다. 물론 거짓말하는 상대방을 경계하고 그의 거짓말에 동조하는 행동은 하지 말아야 한다.

하지만 그보다 더 중요한 것은 자신의 입장이 불리하거나 난처하더라도 거짓말은 하지 말아야 한다는 것이다. 거짓말로 당장의 위기를 모면할 수 있을지 모르지만 영원히 상대방을 속일 수는 없으며 마침내 진실은 밝혀진다는 사실을 알아야 한다.

어쩔 수 없이 상대방을 배려해서 꼭 필요한 거짓말이라면 몰라도, 어떤 식으로든 상대방을 속이려는 거짓말은 하지 말아야 한다. 거짓말은 대화의 적이다. 두 사람이 대화를 하는데 서로 거짓말을 하고 있다면 그 대화가 무슨 의미와 가치가 있겠는가.

져주는 대화의 기술

지 하철이나 시내버스에서 할머니나 아주머니들끼리 우연히 옆자리
에 앉게 되면 처음 만난 사이인데도 자연스럽게 대화하는 모습
을 자주 본다. 물론 별 내용이 없는 대화다. 날씨 얘기를 비롯해서 어디
까지 가는지 서로 얘기하다가 자녀들 얘기로 이어가면서 지루함을 달래
는 것이다.

가까운 사이나 허물없는 사이의 대화는 반드시 특별한 주제나 화제
가 있는 것이 아니다. 그냥 서로의 관심사를 주고받으며 친밀감과 유대
감을 쌓아가는 것이다. 낯선 사람끼리라도 우연히 옆자리에 앉는다면
무료함을 달래며 격식 없이 대화를 할 수 있다.

그러나 일반적으로 약속으로 만남이 이루어지는 낯선 사람이나 가깝
지 않은 사람과의 대화는 대부분 목적이 있는 대화다. 그에 따라 당연
히 대화의 주제가 있기 마련이며, 순조롭게 자신의 목적을 달성하기 위
해서는 대화의 격식과 기술이 필요하다.

그렇다면 대화의 격식과 기술에 관련해서 주의할 점을 살펴보자.

첫째, 상대방에 대한 존중이다. 상대방의 지위나 신분을 고려해야 하고, 동양적 특성인 나이 차도 유의해야 한다. 자신보다 나이가 어리다고 해서 만만하고 편하게 생각해서는 안 된다. 자신이 원하는 것을 얻으려면 절대적으로 상대방을 존중하며 지위, 신분, 나이에 상관없이 윗사람으로 대하는 자세가 필요하다.

둘째, 경청이다. 경청을 이처럼 자주 언급하면서 강조하는 이유는 그만큼 중요하기 때문이다. 상대방에게 원하는 것이 있을 때 어떡해서든지 상대방을 설득하려고 말을 많이 하는 것이 인지상정이다. 이것은 바람직하지 못하다.

상대방에게 말할 기회를 많이 주고 진지하게 상대방의 말을 들어야 한다. 상대방이 말을 아끼며 긴 말을 하지 않을 때는 질문을 자주 하여 상대방이 말을 하도록 유도해야 한다.

셋째, 목적을 달성하기 위해 이기심을 드러내거나 상대방에게 이기려고 하지 말아야 한다. 이기심이 드러나고 반드시 이기겠다는 의도가 보이면 상대방은 긴장하며 거절할 구실과 논리를 세우게 된다.

그러면 설득은 더욱 어려워진다. 그보다는 오히려 상대방을 높여주며 그에게 져주는 대화를 할 때 상대방은 마음을 열고 편안하게 먼저 원하는 것을 묻는 경우가 많다. 당신이 원하는 것을 먼저 요구하는 것이 아니라 상대방이 그것을 먼저 묻는다면 목적을 달성할 확률이 매우 높다. 먼저 묻는다는 것은 도움을 줄 의사가 있기 때문이다.

넷째, 솔직함이다. 원하는 것을 얻기 위해 꼼수를 부리거나 거짓말을 하거나 사실을 과장하거나 축소한다면 상대방의 동의나 동조를 얻어내기 어렵다.

당장은 그것이 통할 수도 있겠지만 진실과 사실은 반드시 밝혀지기 마련이다. 상대방이 당신에게 속은 것을 알게 되면 도움을 받기는커녕 인간관계마저 단절되기 쉽다. 당신에게 불리하더라도 솔직하고 정직한 태도를 보일 때 상대방은 당신을 인정하게 된다.

다섯 째, 상대방에 대한 예의와 예절을 끝까지 지켜야 한다. 아부나 아첨은 역효과지만, 상대방에게 적절한 예의와 예절을 지키면 당신의 인격이 돋보이고 신뢰감을 줄 수 있다. 신뢰감과 신용 있는 태도를 보일 때 상대방은 인간관계를 유지하기 위해서라도 당신이 원하는 것을 들어 줄 수 있다.

여섯 째, 적절한 칭찬이다. 과장되거나 터무니없는 칭찬은 오히려 상대방을 불쾌하게 할 수 있지만, 상대방에게 칭찬할 것이 있다면 칭찬에 인색하지 말아야 한다.

또한 대화 중에 제3자 얘기가 나온다면 그의 단점보다는 장점을 얘기하는 것이 좋다. 그러면 상대방은 다른 사람과 당신에 대해 얘기할 때 장점을 먼저 말해야겠다고 생각하며 협조적인 태도를 갖게 된다.

일곱 째, 웃음을 아끼지 말아야 한다. 부드러운 분위기를 이어가며 많이 웃는 것이 좋다. 웃음은 상대방에 대한 긍정적인 태도와 호의를 나타낸다. '웃는 얼굴에 침 못 뱉는다'는 속담이 있듯이, 아무리 거북한 대화도 웃음을 잃지 않고 이어가며 서로 웃으면서 헤어진다면 당장 원하는 것을 얻지 못했어도 상대방과 다시 만날 수 있으며 좋은 기회를 얻을 수 있다.

목적이 있는 대화에서 항상 잊지 말아야 할 것은 '져주는 대화'다. 원하는 것을 얻기 위해 어떡해서든지 상대방과의 대화에서 이기려고 하기 때문에 오히려 원하는 것을 얻지 못하는 경우가 흔하다.

이 세상에 지고 싶어 하는 사람은 없다. 상대방은 거절할 구실, 반대할 구실을 만들어 방어할 준비가 되어 있다는 사실을 알아야 한다. 일방적인 무리한 강요, 집요한 요구, 노골적이거나 강압적인 태도는 역효과를 가져올 뿐이다. 원하는 것이 있을수록 상대방보다 낮은 자세에서 겸손하게 말하는 것이 져주는 대화의 기본이다.

상대방이 먼저 원하는 것을 말해보라고 하더라도 대뜸 요구 사항을 내놓기보다는 "선생님께서 조금만 관심을 가져주시면 저한테는 아주 큰 힘이 되겠습니다." 하면 상대방은 자신이 인정받는다는 만족감과 함께 자청해서 적극적으로 나설 수 있다.

상대방이 듣기 싫어하는 말은 삼가라

설이나 추석 같은 전통 명절에는 민족 대이동이 일어난다. 수많은 귀성객이 고향을 찾는 것이다. 더욱이 고향에 부모가 살고 있으면 명절만큼은 부모를 만나고 조상들에게 차례를 지내기 위해 아무리 힘들고 먼 길이라도 고향을 찾는다.

그런데 명절에도 고향에 가기를 꺼리는 사람들이 있다. 명절에도 일을 해야 하기 때문에 바빠서 못 가는 것이 아니라 일부러 고향 가기를 기피하는 사람들이 있다. 노처녀나 노총각들이 그들 가운데 하나다.

이미 결혼 적령기라는 개념이 사라지고 남녀가 모두 평균 30세가 넘어서 결혼하는 만혼 풍조, 독신 가구와 1인 가구가 크게 늘어나고 있는 사회 현상에서 결혼 적령기를 넘긴 노처녀와 노총각이 부끄러운 것도 아니고 흉이 될 일도 아니다. 그런데 고향에 가기를 꺼리는 것이다. 왜 그럴까?

명절을 맞아 고향에 가면 부모나 가족은 물론이고 일가친척들을 만나게 되는데 그들로부터 듣기 싫은 말을 들어야 하기 때문이다. 그야말로 '듣기 싫은 말'을 듣기 싫은 것이다.

"너, 지금 나이가 몇이냐? 처녀귀신이 되려고 그러냐?"

"결혼을 안 하는 거니, 못하는 거니?"

"넌 남자친구도 없니?"

"네 친구 ○○○는 결혼해서 벌써 애가 둘인데 너는 뭐하는 거야?"

"너, 아직 결혼 못하는 게 몸에 문제가 있어서 그러니?"

"결혼을 너무 늦게 하면 애도 못 낳는다고 하더라."

한도 끝도 없이 듣기 싫은 질문들이 쏟아진다. 일일이 장황한 설명을 하기도 그렇고 어른들의 질문에 못 들은 척 대답을 안 하기도 어렵다. 그들은 걱정이 되어 하는 질문이지만, 당사자는 그런 질문들이 너무 듣기 싫어서 바쁘다는 구실을 대고 차라리 고향에 가지 않는 것이다.

한번 생각해보라. 결혼을 안 하든 못하든 나이 들어 싱글이면 노처녀·노총각이라는 전통적인 관념을 지니고 있는 어른들의 질문에 어떻게 간단히 대답할 수 있겠는가? 변함없이 보수적이고 고루한 의식을 지닌 그들에게 결혼하지 않고 혼자 살겠다는 이유를 어떻게 설명할 것이며, 아직 결혼하지 못한 수많은 이유를 어떻게 설명한다는 말인가?

시시콜콜 말하기 싫어 공연히 적당히 대답했다가는 더욱 많은 질문과 충고에 시달려야 한다.

"네가 서울 살더니 너무 눈이 높아졌구나? 어떤 남자라야 네 마음에 들겠니?"

"그러다가 평생 못 고른다. 이것저것 따지지 마라. 건강한 남자면 돼."

"그건 남자 탓이 아니라 네 탓이야. 나비가 꽃을 찾는 거지 꽃이 나비를 찾니? 너한테 문제가 있어서 남자들이 다가오지 않는 거야."

솔직히 더 이상 대꾸할 가치도 없고 당장 자리를 피하고 싶을 것이다. 그런 곤욕을 치르기 싫어 고향에 안 가려는 심정은 충분히 이해가 간다. 미혼자뿐 아니라 부부 사이에서도 그렇다.

아내가 시부모나 시댁 식구들을 은근히 험담하거나 비난하면 당연히 남편은 듣기 싫을 것이다. 반대로 남편이 처가 식구들을 비난하면 아내는 듣기 싫어서 발끈할 것이다. 듣기 싫은 말은 그 말을 들어야 하는 상대방의 마음을 상하게 하고 큰 고통과 불편을 준다.

살다 보면 듣기 싫은 말을 전혀 안 할 수는 없다. 당신이 그런 말을 들어야 할 때도 있고 당신이 남에게 할 때도 있기 마련이다. 부모가 자녀를 질책하면 자녀는 당연히 듣기 싫다. 하지만 듣기 싫은 말이라도 훈육 차원에서 안 할 수는 없는 것이다. 선생님이 학생을 질책하는 경우도 마찬가지다.

상대방을 위해 진심으로 충고를 할 수 있다. 하지만 상대방은 그 말이 옳든 그르든 듣기 싫을 수 있다. 당신이 상대방에게 듣기 싫은 충고를 들을 수도 있다. 그렇더라도 꼭 참고 들어야 할 경우도 있으며, 그 말이 당신에게 도움이 될 수도 있다.

그러나 아무리 가까운 사이라도 대화 과정에서 상대방이 듣기 싫어하는 말은 삼가는 것이 좋다. 그것이 교양이며 예의다. 물론 따뜻한 충고나 격려를 담은 듣기 싫은 말도 있지만 그것은 의도적인 것이다. 장난 삼아서 또는 상대방을 걱정해서 꺼내는 듣기 싫은 말은 안 하는 것이 훨씬 낫다. 그로 말미암아 상대방과 거리가 멀어질 수 있다.

듣기 싫은 말이 지나치면 폭언이 된다. 최근 상사인 부장검사의 폭언에 시달리던 젊은 검사가 고통을 견디지 못하고 자살해서 사회적 이슈가 된 사건도 있었다.

군이 상대방의 가슴에 못을 박고 상대방이 감추고 싶은 것을 들춰내서 상처를 주는 듣기 싫은 말을 해야 할 까닭은 없다. 상대방에게 결정적으로 도움을 주는 것이 아니라면 상대방이 듣기 싫어하는 말은 하지 않는 것이 더불어 살아가는 지혜다.

유머와 유행어를 활용하라

말은 어느 한곳에 머물러 있는 것이 아니라 끊임없이 살아 움직이며 시대 상황과 시대 풍조에 따라 변화한다. 새로운 말이 태어나기도 하고 유행어, 은어, 비어 등도 풍조에 따라 언제든지 등장한다.

또한 요즘 같은 스피드 시대에는 영어의 이니셜로 된 용어나 브랜드들이 정식으로 통용되는 등 줄임말들이 버젓이 쓰이기도 한다. 이를테면 혼자서 밥 먹는 것을 '혼밥', 혼자 술 마시는 것을 '혼술'로 표현하는가 하면 재미없다는 '노^{no}재미'가 '노잼'이 되고, 드라마 〈태양의 후예〉를 '태후'로, 〈함부로 애틋하게〉를 '함틋'으로 언론이나 인터넷에서도 서슴없이 사용하고 있다.

과연 이러한 말의 변화가 바람직한 것인지 아닌지는 언어학자나 전문가들이 평가할 일이지 우리가 나설 일은 아니다. 어찌 되었든 그것을 '언어의 감각'이라고 말할 수 있다. 이처럼 말에는 시대 상황이나 사회 풍조에 맞는 감각이 있는 것이다.

이러한 언어의 감각은 누가 강제로 시키거나 주도하는 것이 아니라 사회 풍조에 따른 묵언默言의 합의라고 할 수 있다. 따라서 무작정 그것을 거부하며 구태의연한 태도를 고수한다면 시대감각에 뒤떨어져 외면당한다.

젊은이들이 고루하고 구태의연한 사고방식을 갖고 있는 노인을 '꼰대'라고 부르고, 그러한 중장년을 아저씨가 아니라 '개저씨'라고 부르는 것도 시대감각이 뒤떨어져 좀처럼 소통이 안 되기 때문이다. 글을 쓰는 것도 마찬가지다. 나이 많은 사람들은 글을 써도 그 내용이 고답적이고 진부하기 때문에 공감을 얻지 못한다. 그래서 뒷전으로 밀려나는 것이다.

꼰대나 개저씨들은 신조어나 줄임말 등의 최신 유행어를 전혀 사용하지 않을 뿐 아니라 말의 뜻조차 모른다. 오직 자신들이 알고 있는 것이 진리이고 정의이며 올바르다는 독선적인 태도를 갖기 때문에 젊은 세대나 신세대와 대화가 안 되고 소통이 안 되고 환영받지 못한다.

나이가 있는 기성세대라고 하더라도 사회 풍조에 따른 유행어나 줄임말, 속어 따위의 말뜻을 웬만큼은 이해하려는 노력이 필요하다는 것이다. 그러한 새로운 말들을 전혀 모르면 그렇지 않아도 소외되고 있는 실정에서 더욱 소외당하기 쉽다.

사회와 소통하고 세대 간의 거리감을 줄이려면 기성세대들도 시대감각을 따라야 한다. 고루한 사고방식을 버려야 하고 새로운 말들을 이해해야 하며 적절히 사용할 수 있어야 한다는 것이다.

물론 나이 많은 기성세대들이 지나치게 신조어나 유행어, 은어, 속어 따위를 사용하면 경망스러워 보인다. 어디까지나 말뜻을 알고 있어야 하고 적절하게 사용할 수도 있어야 한다.

'유머humor'는 쉽게 말해서 재미있는 얘기, 웃기는 얘기, 재치 있는 말, 기막힌 반전이 있는 얘기 등을 뜻한다. 우리나라에서는 한때 맹구 시리즈니 사오정 시리즈 등의 유머가 유행하기도 했다. 정치인의 유머로는 영국 수상이었던 윈스턴 처칠Winston Churchil의 재치 있고 격조 있는 유머가 유명하다.

상황에 맞는 적절한 유머는 경직된 분위기를 부드럽게 해주고 대화하는 사람들에게 일체감을 줄 수 있는 훌륭한 활력소다. 또한 협상의 과정에서 타결이나 타협이 좀처럼 이루어지지 않을 때 하나의 유머로써 양보를 이끌어내 합의를 이룰 수도 있다.

성격에 따라 유머 감각이 풍부한 사람이 있는가 하면 고지식하고 융통성이 없는 사람이 있다. 유머가 풍부한 사람은 항상 여유가 있으며 누구에게나 호감을 주고 어디서나 환영받는다. 각종 모임에서는 분위기 메이커가 되고 이성에게도 매력을 준다. 희망하는 배우자의 성격을 꼽을 때 유머러스한 남자를 선호하는 여성들도 적지 않다.

유머가 없는 사람은 그야말로 고지식해서 곧이곧대로다. 경직되고 딱딱한 느낌을 준다. 대화를 할 때도 융통성이 없고 퉁명스런 말을 해서 분위기를 망치는 경우도 많다. 어쩌다 유머를 한답시고 어쭙잖은 농담을 던지지만 오히려 부드러운 분위기를 망치기 쉽다.

유머 감각이 있다고 해서 혼자서 떠들거나 유머답지 않은 유머가 지나치면 경망스럽다. 그런 사람을 흔히 '까분다'고 한다. 어린이도 아니고 성인이 까불면 신뢰감이 떨어질 뿐 아니라 은근히 경멸당한다.

유머와 관련해서 또 한 가지 유의할 점은 성적 농담이다. 각종 모임이나 회식 자리에서 분위기를 돋우기 위해 흔히 '야한 이야기'라고 말하는 성적 농담을 하는 경우가 많다. 성적 농담 가운데 격조 있는 유머가 없는 것은 아니지만 대개는 그야말로 야한 이야기, 성적인 농담일 뿐이다.

이런 성적 농담은 동성들의 모임에서는 통용되는 경우가 흔하지만, 남녀가 함께 있는 자리에서는 어울리지 않고 듣기 민망할 뿐이다. 특정 여성을 대상으로 성적 농담을 했다가는 자칫 성희롱이 될 수도 있다.

유머는 비아냥거리거나 남을 비꼬는 것이 결코 아니다. 유머를 구사할 때는 듣는 사람에게 절대로 불쾌감을 주지 말아야 한다. 이를테면 장애인이 있는 자리에서 신체장애와 관련된 유머를 꺼내거나 참석자의 약점을 건드리는 유머는 웃음을 자아낸다고 하더라도 삼가야 한다.

유머가 있는 사람은 대부분 너그럽고 대인 관계가 원만하다. 억지로 유머 감각을 키울 수는 없지만 매사에 너그러운 마음을 갖도록 노력하면 누구나 유머러스한 사람이 될 수 있다.

상대방이나 좌중을 억지로 웃기려고 해서는 역효과를 낳을 뿐이다. 웃기겠다는 욕심에 오래전에 유행해서 누구나 알고 있는 진부한 코미디나 유머를 꺼내면 오히려 비웃음거리가 된다. 유머는 절대적으로 시대 감각과 맞아야 한다. 유머가 있는 사람이 대화를 잘하고 설득이나 협상도 잘한다는 것을 명심하자.

> 말을 하기 전에 생각을 많이 하고, 사람들이 듣기 싫어하기 전에 끝내야 한다. 인간은 언어를 가지고 있기 때문에 다른 동물보다 특별하지만 그 언어 때문에 커다란 손해를 본다.
>
> — 레프 톨스토이

Part 3

설득을 위한
대화

설득을 위한 대화는 짧을수록 좋다

대 화에는 목적이 뚜렷한 대화가 적지 않다. 이를테면 흥정과 거래를 성사시켜 이익을 얻기 위한 대화, 이성과 인연을 맺기 위한 대화, 결혼 승낙을 받기 위한 양가 부모와의 대화, 자신의 주장이나 견해를 관철시키려는 대화 등 목적이 있는 대화의 종류는 다양하다.

목적이 있는 대화의 핵심은 어떡해서든 상대방을 이겨 목적을 달성하려는 것이다.

목적이 있는 대화는 상대방에 대한 설득, 협상, 타협을 필요로 하는 대화다. 대화에 앞서 대부분의 대화 당사자들은 서로 대화의 목적을 이미 알고 있다. 바꿔 말하면 상대방이 이미 거절, 타협, 양보 등 마음의 준비를 하고 대화에 나선다는 것이다.

상대방이 당신의 대화 목적을 이미 알고 있다면 상대방을 설득하기가 더욱 어렵다. 상대방이 방어할 준비가 되어 있기 때문이다. 따라서 어떡해서든지 상대방을 설득해서 목적을 달성하기 위해 말이 많아질 수밖에 없다. 목적의 타당성과 합리화, 간절한 호소, 진실의 과장, 능력의 과시 등으로 자신의 입장과 상황을 상대방에게 납득시키려고 하기 때문에 자연히 상대방보다 훨씬 많은 말을 하게 되는 것이다.

그러나 많은 말을 하면서 집요하게 상대방을 물고 늘어진다고 해서 원하는 바를 얻을 수 있는 것은 아니다. 그렇다면 설득이나 타협을 위한 대화는 어떻게 해야 좋은 성과를 얻을 수 있을까?

원하는 것을 얻기 위해 남을 설득하는 일은 결코 쉽지 않다. 당신은 목적을 달성해야 하는 간절함과 절실함이 있지만 상대방도 그런 것은 아니다. 상대방에게는 오히려 불필요하고 귀찮은 일일 수 있다.

그러므로 상대방을 설득하려면 대화에 앞서 몇 가지 갖춰야 할 것이 있다.

첫째, 목적에 대한 소신과 확신이 있어야 한다.

둘째, 상대방에게는 어떤 이익이 있는지 고려해야 한다.

셋째, 대화는 부드러워야 한다.

넷째, 원하는 목적이 단순해야 한다.

다섯째, 설득을 위한 대화는 짧을수록 좋다.

목적에 대한 소신과 확신이 없다면 상대방에게 명확하게 도움을 요청하기 어렵다. 자기 자신도 확신이 없으면서 어떻게 상대방에게 자신감을 가지고 구체적으로 뚜렷하게 설명할 수 있겠는가? 자꾸 장황한 설명을 늘어놓고 우회적이고 모호하게 원하는 것을 얘기하면 상대방에게 신뢰감을 주지 못해 설득에 실패하기 쉽다.

상대방에 대한 배려가 없는 설득은 일방적인 요구일 뿐이다. 상대방도 무엇인가 얻는 것이 있어야 한다. 이를테면 돈을 빌려주면 이자 소득이 있다든가, 투자를 하면 큰 이익을 얻겠다는 기대감이 있다든가, 도움을 주면 인간관계에 여러 가지 플러스 요인이 있다든가, 반드시 상대방에게 기대감을 갖게 해야 설득의 효과를 얻을 수 있다.

설득을 위한 대화에서는 흔히 자신의 소신과 자신감을 상대방에게 강조하기 위해 강한 어조 또는 위압적인 어조로 말하거나 간절하게 하소연하기 일쑤다. 하지만 이러한 말투는 좋은 효과를 얻기 어렵다. 상대방이 긴장하지 않도록 부드럽게 말해야 한다.

러시아의 대문호 안톤 체호프Anton Pavlovich Chekhov는 "부드러운 말로 상대방을 설득하지 못하는 사람은 위엄 있는 말로도 설득하지 못한다."라고 했다.

상대방에게 원하는 것은 단순해야 한다. 무엇인가 얽히고설키고 복잡하면 상대방은 그 요구를 제대로 이해하지 못하거나 관심을 갖지 않는다.

천재 물리학자 알베르트 아인슈타인Albert Einstein은 "만약 당신이 어떤 것을 단순하게 설명할 수 없다면 당신은 그것을 충분히 이해하지 못한 것이다."라고 했다. 단순하고 간단하게 설명하지 못하는 것은 자기 자신조차 뚜렷한 확신과 소신이 없기 때문이다.

설득의 대화는 짧을수록 좋다는 것도 같은 맥락이다. 목적에 확신이 있으면 단순하고 간단명료하게 설명할 수 있으며 자연히 설명이 짧아진다. 사실 장황하게 설명하는 것보다 짧게 설명하는 것이 훨씬 더 어렵다. 확신이 없으면 도저히 불가능하다.

상대방을 설득하려면 반드시 철저한 준비가 필요하다. 목적을 짧게 설명할 수 있는 준비가 있어야 한다. 짧더라도 말의 순서가 있고 기승전결이 있어야 한다. 미리 생각을 정리해서 연습을 함으로써 꼭 해야 할 말을 빠뜨리지 않도록 하는 것이 효과적이다.

대화의 핵심에서 벗어나지 마라

누군가를 설득해야 하는 대화는 짧을수록 좋다고 했다. 그러면 어떻게 해야 짧은 대화로 상대방을 설득할 수 있을까?

먼저 앞에서 지적한 대로 자신이 얻고자 하는 것, 원하는 것에 대한 확고한 주관과 소신이 있어야 한다. 당신이 원하는 것에 대한 정보와 지식이 부족해서 자기도 확신하지 못하는 모호한 태도로는 상대방을 설득할 수 없다. 상대방의 질문에 자신 있게 대답하지 못하는데 설득력이 있겠는가?

자신이 원하는 것에 대한 풍부한 사전 지식과 뚜렷한 주관을 가지고 '할 수 있다'는 확고한 소신과 강한 의지가 있어야 상대방의 마음을 움직일 수 있다. 그뿐만 아니라 그럴수록 대화가 짧아진다. 이런저런 긴 설명이 필요 없기 때문이다.

또한 대화의 핵심과 주제에서 벗어나지 말아야 대화가 짧아진다. 설득을 위해 상대방과 마주 앉았을 때 보편적으로 인사와 안부를 묻고 서로의 현재 상황이나 관심사 등을 이야기한다. 분위기를 부드럽게 하려는 것이다.

하지만 핵심에서 벗어난 대화가 길어지면 만남의 목적인 핵심 사항과 주제를 전달할 때 집중력이 떨어진다. 특히 설득하려는 사람이 평소 가까이 지내는 사람이 아니라면 더욱 그렇다. 잘 알고 지내는 가까운 사이라도 설득을 위한 대화는 예의 갖추기와 분위기 조성은 짧게 하고, 곧바로 핵심 사항에 대해 대화하는 것이 효과적이다. 아울러 대화 도중에도 핵심 사항과 주제에서 벗어나지 않도록 해야 한다.

좋은 참고가 될 수 있는 사례가 스티브 잡스Steve Jobs의 경우다.

스티브 잡스와 빌 게이츠Bill Gates는 누구나 인정하는 퍼스널 컴퓨터PC의 개척자이자 황제다. 1955년생 동갑내기인 그들은 같은 시기에 불과 20세를 전후해서 확신을 가지고 과감하게 PC에 도전했다. 빌 게이츠가 컴퓨터의 소프트웨어 개발에 매달렸다면 스티브 잡스는 하드웨어 개발에 야망을 걸었다.

스티브 잡스는 20세에 컴퓨터의 천재라는 스티브 워즈니악과 함께 컴퓨터 회사를 차렸다. 자기 집 차고에서 자본금 불과 1천 달러로 개업했다. 하드웨어 개발에는 많은 자본이 필요했다. 반드시 큰돈을 내놓을 수 있는 투자자가 필요했다.

스티브 잡스는 겁 없이 막대한 자금을 보유하고 있는 유명한 자본가를 찾아갔다. 당연히 나이 어린 풋내기를 만나줄 리가 없었다. 하지만 잡스는 끈질기게 자본가를 찾아가 그의 사무실 앞에서 무작정 기다렸다. 자본가는 하루도 쉬지 않고 찾아와서 마냥 기다리고 있는 잡스가 귀찮아서 마침내 면담을 허락했다.

잡스는 자본가와 단 5분 동안 면담했지만 설득에 성공했다. 자본가가 무려 20만 달러라는 거액을 투자하기로 결정한 것이다. 그 때문에 스티브 잡스와 그의 회사는 단번에 유명해졌다. 잡스는 어떻게 5분 만에 자본가를 설득했을까?

잡스는 긴 설명을 하지 않았다. 그는 "앞으로 머지않아 각 가정마다 PC를 갖게 되는 세상이 올 것입니다." 하며 자신의 확신을 얘기했을 따름이다. 자본가는 단번에 잡스의 설득에 동조하고 기꺼이 투자를 결정했던 것이다. 확신에 찬 잡스의 말처럼 된다면 자본가도 큰돈을 벌 수 있다는 기대감을 가졌기 때문이다.

빌 게이츠도 가까운 장래에 각 가정마다 PC를 갖게 될 것이라는 확신을 가지고 컴퓨터 소프트웨어 개발에 뛰어들었던 것이다. 목적에 대한 확신이 있었기 때문에 얼마든지 투자자를 구할 수 있었다.

이처럼 설득을 위한 대화는 짧게 말하는 것이 가장 효과적이다. 그러자면 목적에 대한 확신이 있어야 짧게 얘기할 수 있다. 설명이 짧으면 상대방이 핵심을 이해하기 쉽고 관심을 갖게 된다. 그리하여 상대방이 어떤 기대감을 갖게 되면 설득하는 사람에게 동조하는 것이다.

그뿐만 아니라 대화의 과정에서 핵심 사항과 주제에 집중해야 설득력이 있다. 당신이 설득하기 위해 누군가를 만나야 한다면, 사전에 목적을 짧게 설명할 수 있도록 철저히 준비해야 한다. 막연한 기대감으로 상대방을 만나는 것은 금물이다. 반드시 성취하겠다는 강한 의지가 없다면 상대방의 마음을 움직이기 어렵다.

거짓과 과장, 억지와 강요는 설득이 아니다

설득을 위해 누군가를 만나는 것은 당신의 입장이다. 상대방의 도움이 필요하기 때문에 만나고자 하는 것이다. 상대방의 입장에서는 당신을 만나야 할 절박하고 절실한 이유가 없다.

그런데 대부분의 사람들은 상대방에 대한 배려 없이 오직 자신의 목적 달성을 위해 도움을 받으려는 생각만 가득해서 상대방을 만난다. 상대방이 관심이 있는지, 그에게 어떤 개인적인 사정이 있는지 따위는 고려하지 않는다. 더욱이 만나려는 상대방이 자기보다 나이가 어리거나 후배거나 지위가 낮다면 만남의 약속도 자기 위주로 통보하고 지시하듯이 일방적으로 정하는 경우가 적지 않다.

어찌 되었든 상대방과 만나서 당신의 목적을 밝혔을 때 상대방이 반드시 당신의 목적에 동의하고 기꺼이 동조하거나 도움을 주리라는 보장은 없다. 그것은 당신의 희망 사항일 뿐이다. 판단과 결정은 상대방에게 달려 있는 것이다.

그럼에도 상대방의 입장은 전혀 고려하지 않고 오로지 목적 달성을 위해 사생결단하듯이 일방적으로 요구하거나 윽박지르기도 한다. 상대방이 결정을 망설이거나 난처해하고 거절할 것 같은 분위기를 보이면 거짓말과 지나친 과장도 마다하지 않는다.

오직 자신의 목적 달성만을 위한 거짓과 과장, 억지와 강요는 설득이 아니다. 결코 상대방의 공감을 얻지 못한다. 그럴수록 상대방은 난처한 입장에서 벗어나려고 한다. 상대방은 바보가 아니다. 거짓과 과장은 단번에 알아차리고 억지와 강요는 더없이 불쾌하게 생각한다. 결과적으로 목적 달성에 실패할 수밖에 없다.

상대방을 설득하려면 지나치게 목적 달성에 집착하지 말아야 한다. 상대방의 입장을 배려해야 한다. 간단히 말해서 역지사지易地思之, 즉 설득이 필요하지만 상대방의 입장에서 생각해야 한다는 것이다.

앞에서도 설명했지만 상대방이 당신의 요구나 요청을 들어주고 도움을 주었을 때 상대방에게는 어떤 이득이 있는지, 상대방은 무엇을 얻을 수 있는지를 배려해야 설득의 물꼬가 트인다.

또한 상대방의 입장과 개인 사정이 당신의 목적을 수용하기 어려운 상황으로 판단된다면 물러설 수 있어야 한다. 아울러 목적 달성에 실패했더라도 오히려 당신이 상대방에게 도움을 줄 수 있다면 적극적으로 도와줘야 그도 고마움을 잊지 않고 언젠가 당신을 도와준다.

설득을 위한 대화에는 갑과 을이 있다. 상대방과의 대화에서 무엇인가 얻기 위해 설득하려는 쪽이 을이다. 갑은 강자이고 을은 약자다. 이러한 갑을 관계, 강자와 약자의 관계를 잊어서는 안 된다.

을은 당연히 갑에게 정중해야 하며 억지와 강요가 아니라 갑이 편안한 마음으로 의사 결정을 할 수 있는 분위기를 만들어야 한다. 갑이 당장 거절했다고 해서 영원히 거절하는 것은 아니다. 원만한 인간관계를 유지함으로써 또 다른 기회를 얻을 수 있도록 해야 한다.

설득을 위한 대화에서는 상대방의 눈을 보며 얘기하는 것이 좋다. 서로 눈을 마주치며 대화할 때 신뢰감이 생긴다. 거짓말을 하거나 사실을 부풀려 과장된 말을 할 때는 자기도 모르게 상대방의 시선을 회피하게 된다. 고개를 숙이고 말하거나 다른 곳을 쳐다보며 말하기 때문에 상대방이 거짓과 과장을 의심하게 한다. 을의 입장, 약자의 입장에서 부탁하되 거짓이 없고 당당해야 상대방이 관심을 갖는다.

접대할 때는 더욱 말조심을 하라

설득은 상대방으로부터 무엇인가 원하는 것을 얻기 위한 행위다. 상업적인 거래, 즉 공사를 따내거나 거래를 성사시키기 위한 당사자들의 대화도 설득을 위한 대화다. 서로 자기에게 유리한 조건을 제시하고 그것을 관철시키기 위해 애쓴다. 상대방보다 더 많은 것을 얻어내 이득을 보려는 것이다.

그러다 보면 서로 조건을 맞추기 힘들어 협상을 위한 대화가 좀처럼 진행되지 않는 경우가 많다. 그럴 때 좀 더 원만하고 긍정적인 대화 분위기를 조성하기 위해 상대방을 접대할 경우가 많다.

그 정도가 지나치면 향응이 된다. 접대든 향응이든 상대방과 흥정하는 과정에서 거의 대부분 을이 그러한 자리를 마련한다. 물론 갑이 향응을 요구할 때도 있다. 접대와 향응에는 문제점이 더 많지만 긍정적인 면도 없지 않다. 분위기가 부드러워지고 원만한 대화가 오가면서 실타래처럼 엉켜 있던 난제들이 쉽게 풀릴 수도 있기 때문이다. 그것이 접대나 향응의 의도이기도 하다.

그런데 을이 갑을 접대하는 과정에서, 서로 긴장을 풀고 부드럽고 즐거운 분위기를 조성해서 거리감을 없애기 위해 정상적인 관계를 벗어나는 경우가 흔하다. 속된 말로 망가지는 것이다. 서로 자세가 흩어져 실없는 농담을 주고받는가 하면 취기가 오르면서 나이, 선후배, 지연, 학연, 혈연 등을 따진다. 그리하여 을의 입장에서도 갑에게 반말을 하는 등 서로의 거리감을 없애고 친근감을 나타내려고 한다.

그뿐 아니라 "야, 인마! 너무 너희 주장만 내세우지 말고 우리 요구도 들어줘. 알겠어?", "형이 적극적으로 도와줘야 돼." 하며 은근히 갑을 윽박지르기도 한다.

물론 접대하는 자리에서 의도적이든 아니든 자세가 흐트러지고 망가지는 것이 모두 나쁘다는 얘기는 아니다. 그러한 분위기가 거래 성사나 목적 달성에 도움이 되기도 한다.

그러나 자신의 위치와 신분을 정확히 알고 그에 맞는 말과 행동, 최소한의 예의를 지키는 것이 결과적으로 유리하다.

내가 평소에 잘 알고 지내는 어느 직장의 부장급 간부가 있다. 그에게 직장의 선배였던 사람이 자주 연락을 해왔다. 선배는 부장급 간부를 끝으로 직장을 그만 두고 개인 창업을 했는데 자기 회사의 생산품을 먼저 근무했던 직장에 납품하려고 후배에게 자주 연락을 하고 있었다.

더욱이 후배는 그가 근무했던 부서의 직속 부하였다. 납품이 원만하지 못하자 선배가 부하였던 현직 부장을 불러내 접대를 베풀었다. 현직 부장은 납품하려는 제품에 하자가 많아서 퇴직한 선배를 만나고 싶지 않았지만 한때는 직속 상사였기에 거절하기가 힘들었다.

선배는 술을 사겠다는 구실로 후배 부장을 불러냈지만 후배에게 부장의 업무와 역할, 재량권 등에 대해 온갖 얘기를 늘어놓으며 이래라저래라 지시를 해대니 부장은 무척 불쾌했다. 그뿐이 아니었다.

"야, 내가 다 알고 있어. 네가 우리 회사 제품에 별 하자가 있는 것도 아닌데 이런저런 트집을 잡고 자꾸 결재를 미룬다면서? 인마, 너무 그러지 마. 옛정을 생각해서라도 좀 봐주면 안 돼?"

이러한 강요에 크게 마음이 상한 후배는 나중에 이렇게 말했다.

"그 선배가 지금도 나를 부하 취급 하고 있어. 이래라저래라 지시하고 납품을 결재하라고 강요하는 거야. 옛날에나 부장이었지, 지금도 자기가 부장이라고 착각하고 있는 것 같아. 도무지 누가 갑이고 누가 을인지 모르고 있어."

결국 그는 선배의 납품을 결재하지 않았다. 그의 태도가 바람직한 것은 아니다. 인간관계에서 너무 융통성이 없고 고지식해도 장애 요소가 된다. 더구나 후배는 개인적인 감정까지 개입된 것 같았다.

하지만 선배의 태도에 더욱 문제가 많다. 납품을 담당하는 현직 부장이 한때 자신의 부하 직원이었지만 지금은 납품 담당 부장이며 분명히 갑이다. 갑에게는 갑의 대우를 해야 하는데 여전히 아랫사람 취급을 했으니 크게 잘못된 것이다. 갑을 존중하지도 않았으며 예의에서 벗어난 행태를 보인 것이다.

접대의 술자리이니만큼 당장은 즐거운 분위기에서 흥겹고 거리감을 없애 친근감을 갖게 될 것 같지만, 최소한의 예의가 무너지고 갑과 을의 관계가 무시되면 갑은 현장에서는 말을 하지 않았어도 은근히 품고 있던 불쾌감을 기억한다. 그것이 을이 목적을 달성하는 데 오히려 걸림돌이 될 수도 있다.

그렇다고 해서 접대의 술자리에서 을이 지나치게 자신을 낮추고 갑에게 아첨의 말과 행동을 하는 것도 역효과다. 자연스럽고 마음의 진정성이 있어야 갑도 그에 부응한다.

상대방의 취향과 관심사를 미리 파악하라

누군가를 설득하려는 대화는 짧을수록 좋고, 대화의 과정에서 핵심이나 주제에서 벗어나지 않는 것이 바람직하다고 설명했다. 하지만 설득은 단 한 번에 이루어지는 것이 아니다. 당신이 원하는 바가 크고 비중 있는 것이라면 상대방을 설득하는 데 생각보다 오랜 시일이 걸릴 수 있다.

그럴 경우에는 상대방을 설득하기 위한 당신 나름대로의 계획표와 로드맵이 있어야 한다. 이때 상대방에 대한 철저한 관심이 밑거름이 된다. 상대방의 성격, 환경, 취향, 관심사, 가치관, 인생관 등을 빈틈없이 파악해두어야 지속적으로 상대방을 설득할 수 있다.

《손자병법》에도 '지피지기 백전불태知彼知己 百戰不殆'라고 했다. 나를 알고 적을 알면 백 번 싸워도 위태롭지 않다는 뜻이다. 설득이 필요한 상대방을 잘 알아야 불리하지 않은 위치에서 당신이 원하는 것을 얻어낼 수 있다.

상대방을 설득하는 과정에서 때로는 얻고자 하는 핵심을 놓고 정면으로 승부하는 것보다 우회적으로 차츰 상대방이 당신 편이 되도록 만들어 나가는 것이 더 효과적일 때도 있다.

기계 부품을 만드는 조그만 기업이 있었다. 가내 기업에서 출발해서 성실하고 착실하게 기업을 키워온 젊은 대표는 수요가 많은 자동차의 특정 부품을 만들고 싶었는데, 그 부품의 특허 기술은 어느 중견 기업이 가지고 있었다. 젊은 대표로서는 어떡해서든지 그 특허 기술을 확보해야 목적을 이룰 수 있었다.

하지만 자동차 특정 부품을 독점하다시피 한 중견 기업에서 자신들의 특허 기술을 손쉽게 내줄 가능성은 전혀 없었다. 나름대로 특허 기술을 손에 넣을 수 있는 갖가지 방안을 모색하던 젊은 대표는 특허를 소유한 중견 기업의 각종 상황을 살펴보기 시작했다.

중견 기업의 오너는 60대 중반의 김 회장이었다. 그는 아들에게 회사 경영을 넘겨주고 여유롭게 여생을 즐기고 있는 듯했다. 그의 취미가 골프라는 것을 알아낸 젊은 대표는 김 회장 자택의 위치를 수소문해서 자택과 가까운 아파트 단지로 이사했다.

그리고 김 회장이 아침 식사 전에 골프연습장에서 매일 한 시간가량 연습한다는 사실을 알아내어 그 연습장에 회원으로 등록했다. 그리하여 매일 아침 김 회장과 마주칠 수 있었다. 시간이 지나서 서로 인사하는 사이가 됐지만 젊은 대표는 특허 기술이나 기계 부품에 대해서는 전혀 얘기하지 않고 오직 골프에 관한 얘기만 했다.

하루는 샤워장에서 함께 샤워를 하게 되었는데, 김 회장이 먼저 젊은 대표에게 무슨 일을 하느냐고 물었다. 조그만 기계 부품 공장을 하고 있다고 대답했다. 기계 부품이라는 말에 김 회장이 관심을 보였지만 젊은 대표는 깊이 있는 얘기는 하지 않았다.

김 회장은 또 바둑에 취미가 있었다. 바둑 1급으로 아마 3단 수준이었다. 다행히 젊은 대표도 바둑을 둘 줄 알아 밤에는 기원에 나가 더욱 실력을 연마했다. 어느 날 아침, 골프연습장에서 김 회장과 함께 샤워를 하게 된 젊은 대표는 슬쩍 바둑 얘기를 꺼냈다. 그러자 김 회장이 큰 관심을 보였다. 젊은 대표가 자기 실력이 2~3급쯤 된다고 하자 주말에 자기 집에서 바둑을 두자고 제의했다.

김 회장 자택에서 주말마다 바둑을 두면서 함께 대화할 수 있는 시간이 많아지자 젊은 대표는 자연스럽게 김 회장의 사업체에 대해 여러 가지 질문을 했다. 김 회장이 이런저런 설명을 하면서 자동차 특정 부품의 특허 기술을 자랑하자 그때서야 젊은 대표는 자신도 오래전부터 그 부품을 만들고 싶었지만 기술이 없다고 말했다. 젊은 대표의 말에 김 회장은 별다른 반응을 보이지 않았다.

그렇게 몇 달이 지났을 즈음 김 회장이 갑자기 위암 수술을 했다. 젊은 대표는 하루도 빠지지 않고 병원을 찾아가 대부분의 낮 시간을 김 회장의 병실에서 지냈다. 열흘쯤 지났을 때였다.

"나, 내일 퇴원하네."

"다행입니다, 회장님. 이제 좀 더 건강에 신경을 쓰십시오."

"그런데 말이야, 내가 아무래도 오래 살지는 못할 것 같은 예감이 들어."

"무슨 말씀입니까? 사업을 하실 때처럼 자신을 가지십시오, 회장님."

"자네 말이야."

"네, 회장님."

"자동차 부품을 만들고 싶다고 했지? 내 회사가 특허를 가지고 있는 거……."

"하하, 네. 그건 제 희망사항이죠."

"내가 자네한테 특허 기술을 넘겨줄 테니까 부품을 만들어서 우리 회사에 납품하게. 말하자면 우리는 자동차 회사에서 하청을 받지만 자네한테 재하청을 주는 셈이지."

그리하여 젊은 대표는 마침내 특허 기술을 넘겨받아 자동차 부품을 생산하여 김 회장의 회사에 납품하게 되었다. 마침내 목적을 달성한 것이다. 이후에 자동차 회사에 직접 납품할 기회도 있었지만 젊은 대표는 김 회장과 한 약속과 신의를 끝까지 지켰다.

상대방과의 인연을 앞세우지 마라

동양에서는 '정情'을 매우 중요하게 생각한다. 특히 우리나라와 중국이 그러하다. 정이란 여러 가지 인연으로 형성된 어떤 공통된 연결고리의 가치를 무척 중요하게 여기는 것이다. 혈연, 학연, 지연 등이 대표적이다.

혈연은 같은 혈통, 같은 핏줄에 의하여 연결된 인연으로 가족과 친인척, 나아가 본관이 같은 성씨까지도 포함된다.

학연은 각급 학교의 동기, 선후배, 확대되면 같은 학교 출신의 동문 전체가 해당된다. 특히 고등학교와 대학교 동창이나 동문 사이의 학연은 그 비중이 크다.

지연은 같은 고향, 같은 지역 출신으로 연결된 인연이다. 어디에 살든 같은 고향 출신들끼리는 향우회를 만들어 정기적으로 만나고 유대감을 키워 나간다. 우리나라에서는 특히 호남과 영남 지역 출신들의 지연 의식이 강하다.

군에서 맺은 인연도 있다. 해병대 출신들은 유대감과 결속력이 강하기로 유명하다. 지역마다 해병대 출신들의 조직이 있을 정도다.

물론 위에서 언급한 필연적인 인연은 아니더라도 같은 분야 종사자들의 단체나 조직이 있으며, 같은 취미를 가진 사람들의 지속적인 모임도 있다. 오랫동안 친분을 쌓아온 사람들의 우정도 끊을 수 없는 인연이 된다.

중국에서는 이처럼 어떤 인연이 연결고리가 된 인간관계를 '콴시關係'라고 한다. 콴시를 형성하고 있으면 무엇이든 안 되는 일이 없고, 콴시가 없으면 아무것도 되는 일이 없다고 한다. 동양의 특징적인 조직 문화가 갖가지 인연을 강조하는 것이다.

어떠한 인연이든 연결고리를 가진 사람들끼리 자주 만나고 유대를 강화해 나가는 것은 의미와 가치가 있다. 정은 인간에게 꼭 필요한 덕목이기도 하다. 정을 잊지 않고 정을 이어간다는 것은 바람직하다. 어찌 보면 정은 인간의 도리이기도 하다.

그러나 이러한 갖가지 인연과 정이 반드시 긍정적인 것은 아니다. 부작용도 있고 부정적인 요소들도 있다. 이를테면 여러 인연으로 형성된 조직들이 세력화되고 집단 이기주의에 치우쳐 무리하게 자신들의 주장만을 내세우는 경우도 있다.

더욱이 순수한 혈연, 학연, 지연 등을 악용하여 개인의 이득을 추구하면서 갖가지 문제를 일으키기도 한다. 한 가지 대표적인 예가 각종 '브로커'들이다. 외면할 수 없는 인연을 악용해서 온갖 이권에 개입하고 부당한 청탁을 성사시켜 중간에서 이득을 얻고 부정과 비리를 자행한다. 우리 사회의 가장 큰 병폐 가운데 하나가 그러한 인연들을 악용한 부정부패다.

상대방과의 이런저런 인연은 '설득을 위한 대화'에서도 중요하게 작용한다. 자신이 원하는 것을 얻기 위해 누군가를 설득해야 할 때 그와의 인연을 앞세우는 것이 우리의 습성이다. 상대방이 본관이 같은 성씨라든지, 고등학교나 대학교 동문이라든지, 같은 고향 출신이라면 설득하는 데 유리하다고 판단하는 것이다.

물론 서로의 특별한 인연을 강조하면 유대감과 동질감을 가질 수 있다. 하지만 동시에 상대방은 은근한 압박감을 갖게 된다. 필연적인 인연을 외면하기 어렵기 때문에 쉽게 거절하지 못하는 것이다. 거절을 하려면 그 이유를 번거롭게 설명해야 한다.

그런가 하면 인연 때문에 선뜻 거절하지 못하고, 해서든 안 될 일인 줄 알면서도 마지못해 부탁과 청탁을 들어주는 경우도 적지 않다. 그 때문에 권력과 권한의 남용, 부정과 비리에 연루되는 경우도 흔하다.

말하자면 갖가지 필연적인 인연이 상대방에게 큰 부담을 주는 것이다. 상대방과 인연이 있다는 것은 반가운 일이며 당신에게 유리하게 작용할 수 있지만 설득을 위한 대화에서 인연을 먼저 내세우거나 인연을 이용해서 상대방을 옥죄면서 원하는 것을 얻으려는 속셈은 결코 바람직하지 못하다.

상대방이 선뜻 거절도 못하고 큰 부담을 느끼게 하는 것은, 자신의 입장만 고수하며 상대방의 입장을 배려하지 않고 큰 폐를 끼치는 것이다. 더욱이 상대방이 당신의 부탁이나 청탁을 거절하지 못하고 마지못해 들어줬다가 뜻하지 않게 궁지에 몰린다면 어찌할 것인가?

내 선배 한 사람은 같은 대학, 같은 학과 동기동창이 몇 차례나 찾아와 보증을 서달라고 간절하게 부탁하는 것을 거절하지 못하고 보증을 서줬다가 큰 낭패를 봤다. 선배도 경제적으로 여유 있는 사람이 아닌데 보증을 잘못 섰다가 집까지 팔아서 무려 2억 원을 갚아야 했다.

　설득이란 자신의 필요에 의한 것이다. 상대방이 먼저 갖가지 인연을 강조하며 무슨 도움이 필요하냐고 묻는다면 다행이지만 당신이 먼저 인연을 앞세우고 그것을 마치 전제조건처럼 이용해서는 안 된다. 설득을 위한 주제가 대화의 핵심이 되고 자연스럽게 인연이 밝혀져야 분위기가 부드럽고 긍정적으로 흘러간다.

협상은 타협이다

협상은 입장이 서로 다른 양자 또는 다자多者가 어떤 목표를 타결하기 위해 협의하는 것을 말한다.

설득은 대개 한쪽이 상대방을 자신의 목표나 목적을 수용하도록 말로써 이끌어 동조하고 협력하도록 하는 것이지만, 협상은 양자 또는 다자가 서로의 목표와 입장을 가지고 맞서는 대화다. 물론 협상에서도 상대방에 대한 설득이 절대적으로 필요하다.

이를테면 건축 공사를 놓고 발주처와 시공사(건설사)가 서로 협상을 벌일 수 있다. 건물을 짓는 발주처는 갑의 위치에서 을인 건설사에게 갖가지 요구를 할 수 있다.

공사비를 낮춰달라는 요구에서부터 건설자재, 건물 구조, 내부 시설 변경, 설계도에 없는 특별한 요구를 할 수도 있다. 을의 위치에 있는 건설사는 가능한 한 발주자의 요구를 수용해야 공사를 따낼 수 있다. 그러면서도 되도록 공사비를 높여야 기대하는 수익을 얻을 수 있다.

이러한 갖가지 문제를 놓고 양자가 협상을 하는 것이다. 그 결과에 따라 협상이 결렬될 수도 있고 타협이 이루어질 수도 있다. 양쪽은 서로 최선을 다해 자기 쪽의 요구를 관철시키려고 할 것이다. 자칫하면 양쪽 주장이 맞서 평행선을 달리다가 협상이 결렬될 수 있다.

협상의 핵심은 가능한 한 상대방의 요구를 수용하면서도 당신의 기대치를 충족시키는 데 있다. 협상은 어떻게 해서든지 성사시켜야 하지만 결코 쉬운 일이 아니다. 이른바 밀당, 즉 밀고 당기기가 이어질 수밖에 없다. 그 때문에 협상을 위한 대화에서는 상당한 기술이 필요하다.

협상의 기술과 관련해서 좋은 참고 자료들이 있다.

미국 MBA 와튼 스쿨에서 13년 동안 큰 인기를 끌었던 강의 내용을 책으로 엮은 스튜어트 다이아몬드Stuart Diamond 교수의 《어떻게 원하는 것을 얻는가》는 우리나라에서도 한때 베스트셀러에 올랐던 협상의 기술을 다룬 책이다. 또한 전성철·최철규가 함께 쓴 《협상의 십계명》도 갖가지 협상의 노하우를 소개하고 있어 참고가 될 만한 책이다.

협상을 한마디로 정의하면 양쪽이 모두 이기려는 대화다. 이겨야만 목표를 달성할 수 있기 때문이다. 그러니만큼 철저한 준비와 전략이 필요하다.

첫째는 양쪽이 모두 이길 수 있는 윈윈win-win 전략을 세워야 한다. 그러자면 상대방의 요구에 숨겨진 욕구를 찾으라고 《협상의 십계명》에서는 말하고 있다. 상대방의 체면, 자존심, 입장 등을 헤아리고 공식적인 협상 이외에 무엇을 얻고 싶어 하는지 알아야 한다는 것이다.

그렇다고 해서 뇌물이나 비리가 개입하는 흥정을 말하는 것은 아니다. 이를테면 건물을 지을 때 일대에서 명소가 될 수 있는 특색 있는 디자인을 원한다든지, 다른 건물들에서 볼 수 없는 특별한 공간을 만들고 싶어 한다든지 무엇인가 욕구가 있을 것이다. 그것을 파악해서 발주자에게 제시하면 의외로 협상이 순조로울 수 있다.

협상의 과정에서 건설사는 자신들의 능력을 과시하면서 자기자랑을 늘어놓기보다 질문을 많이 함으로써 발주자의 갖가지 의도와 욕구를 알아내는 것이 중요하다. 그뿐만 아니라 양쪽이 만족할 수 있는 창조적인 대안을 개발하거나, 협상이 결렬됐을 때 차선책, 즉 대신 취할 수 있는 최선의 대안을 준비해야 한다고 《협상의 십계명》에서 말하고 있다.

그와 비교해서 스튜어트 다이아몬드 교수의 《어떻게 원하는 것을 얻는가》에서 말하는 협상의 기술은 훨씬 적극적이다. 《협상의 십계명》은 인간관계를 협상의 토대로 삼으라고 말하지만, 다이아몬드 교수는 "협상할 때 인간관계만 생각하거나 공동 관심사 등에 빠져서는 안 되며, 모든 말과 행동은 오직 목표 달성을 위한 전략이 되어야 한다."고 말하고 있다.

아울러 상대방의 머릿속 그림을 그려보면서 상대방이 무엇을 원하는지 파악해야 한다는 것이다. 오직 목표 달성을 위해 자기주장만 내세우면 협상은 실패한다고 지적한다. 또한 단정적으로 말하기보다 "이건 어떻습니까?" 하고 묻는 질문 형식이 훨씬 효과적이라고 말한다.

나아가 먼저 요구 조건을 제시하지 않는 것도 한 가지 협상 방법이라고 했다. 협상에서 언제나 자신이 원하는 것을 얻을 수는 없기 때문에 최종 목표까지 가는 과정과 경로를 설정하고 끈질긴 자세로 협상에 임해야 한다는 것이다.

그뿐만 아니라 협상의 대화에서 감정적으로 반응하면 원하는 것을 얻을 수 없다고 했다. 협상이 자기 뜻대로 안 된다고 해서 고함을 치거나 함부로 행동하면 목표를 달성할 수 없다는 것이다. 상대방이 부정적인 태도를 보이더라도 쉽게 물러서지 말고 참을성을 가지고 거듭해서 협상할 수 있는 여지를 만들어야 한다는 것이다.

당연히 모두 공감할 수 있는 협상을 위한 대화의 기술이다.

《협상의 십계명》은 인간관계를 협상의 토대로 삼으라고 하고, 다이아몬드 교수는 인간관계나 공동 관심사에 빠져들지 말고 오직 목표 달성을 위한 전략을 구사해야 한다고 말한다. 동양과 서양의 사고방식 차이가 드러난다.

서양에서는 몰라도 동양이나 우리나라에서는 인간관계를 무시할 수 없다. 지연, 학연, 혈연 등의 인간관계를 완전히 배제할 수는 없다. 중국에서도 협상을 성공적으로 이끌려면 '콴시'가 가장 중요하다. '콴시'란 어떤 인연으로 맺어졌든 인간관계를 말하는 것이다.

협상은 양쪽이 모두 상대방에게 이겨 자신들의 목표를 관철하려는 대화다. 말하자면 대표적인 '이기는 대화'다. 하지만 일방적인 주장만을 내세워 자기 쪽이 무조건 이기려고 한다면 협상은 깨질 수밖에 없다.

협상을 한쪽이 이기고 한쪽은 지는 승부로 생각하면 안 된다. 협상에서 최고의 기술은 역시 윈윈, 즉 함께 이기는 것이다. 그러기 위해서는 상대방의 입장을 배려하고, 한 걸음 물러서서 양보할 수 있는 것은 과감하게 양보해야 원하는 것을 얻을 수 있다. 그것이 바로 협상이며 타협이다.

타협은 배려와 양보, 또는 양쪽을 모두 만족시키는 창조적인 대안이

나올 때 이루어진다. 협상은 내가 반드시 이겨야 하는 대화가 아니다. 어느 정도에서 양보하고 져줄 때 협상도 성공한다. 협상에서는 져주는 것이 이기는 경우가 많다. 자신이 원하는 것을 얻을 수 있는 협상을 성공으로 이끌려면 져줄 수 있는 지혜가 필요하다.

중재를 위한 대화

인간은 더불어 살아야 하는 존재다. 혼자서는 만족스런 삶을 살 수 없다. 요즘 혼자 사는 '나홀로족'이 크게 늘어나고 있지만 그것이 본질적으로 사회에서 혼자 떨어져 나와 외톨이로 살아간다는 것은 아니다.

나홀로족은 부모에게서 떨어져 나와 독립된 생활을 하거나 적령기가 넘었지만 결혼을 하지 않고 혼자 살겠다는 비혼주의 또는 독신주의일 뿐이지, 더불어 사는 사회에서 완전히 이탈해서 고립된 생활을 하는 것은 아니다. 그들의 주위에는 변함없이 부모를 비롯한 가족이 있고 친구가 있고 이웃과 동료들이 있다.

무리 지어 사는 동물은 무리에서 이탈하면 곧 죽음을 맞는다. 맹수인 사자라도 혼자서는 생존하기 어렵다. 우리 인간도 당연히 무리 지어 사는 동물이다. 따라서 가족, 친구, 동료 등 자신과 인연을 맺고 있는 여러 사람들과 어울리면서 친밀감과 유대감을 강화해 나가는 습성이 있다.

그러나 뜻하지 않게 부부, 연인, 가족이나 일가친척, 친구, 동료와 서로 등지고 나쁜 감정에서 벗어나지 못하며 원수처럼 사는 경우가 있다. 물론 사회와의 단절이 아니라 일부 특정인과의 관계 단절이다. 원인은 갈등과 대립, 오해, 시기 등 여러 가지가 있을 수 있다. 또한 관계를 단절하고 지내는 기간이 일시적일 수 있고 길게 이어질 수도 있다.

원인이 무엇이든 가까운 사람이나 좋은 인간관계를 이어가야 할 사람끼리 교류를 끊는다면 본인들도 괴롭고 주위에서 보기에도 안타깝고 어느 쪽을 두둔해야 할지 무척 난감한 경우가 많다. 이럴 때 주위에서는 절교 상태에 있는 두 사람의 관계를 회복시키려는 노력을 하게 되는데 화해 또는 중재가 그것이다.

화해는 갈등과 다툼을 그치고 서로 가지고 있는 나쁜 감정을 푸는 것이다. 화해의 방법에는 두 가지가 있다. 하나는 당사자들끼리 다시 정상적인 관계를 회복하기 위해 노력하는 것이고, 또 하나는 당사자들과 잘 아는 제3자가 개입해서 두 사람을 화해시키는 방법이다.

중재도 결과적으로는 화해를 시도하는 것이지만 그 방법에는 약간의 차이가 있다. 중재는 제3자가 서로 심각하게 다투었거나 단절 상태에 있는 당사자 사이에서 분쟁을 조정해서 화해를 모색하는 것이다.

먼저 서로 대립하는 두 당사자의 경우부터 살펴보자.

어떤 일로 말미암아 상대방에 대한 나쁜 감정이 격화되어 서로 대립하고 단절 상태에 있는 경우다. 원인이 무엇이든 그런 상태가 되면 당사자들 모두 마음이 편하지 못하다. 마음의 부담과 스트레스에서 벗어나고 원만한 인간관계의 회복을 위해서는 어느 한쪽이 먼저 화해를 시도해야 한다.

그러기 위해서는 먼저 서로 다투고 대립하게 된 결정적인 계기부터 살펴봐야 한다. 객관적으로 잘잘못을 가려낼 수 있는 일이라면 화해가 비교적 쉽다. 잘못한 쪽에서 먼저 상대방에게 정중하고 솔직하게 자신의 잘못을 사과하고 용서를 구해야 한다.

상대방을 만나 직접 사과하고 용서를 구하는 것이 좋지만 감정이 악화돼 있는 상대방이 만남을 거부할 수도 있다. 그럴 때는 상대방의 반응이 있을 때까지 성의 있는 내용으로 사과와 용서를 구하는 휴대폰 문자를 지속적으로 보내거나 이메일을 통해 솔직한 심정을 전달하는 것이 효과적이다.

그와 함께 만나줄 것을 호소해야 한다. 시간이 지나더라도 상대방이 만남을 수용하면 그 자리에서 다시 한 번 정중한 사과와 용서를 구해야 한다. 그다음 상대방이 하고 싶은 말을 모두 하도록 기회를 주고 무조건 경청해야 한다. 구차한 변명은 절대로 금물이다.

그리하여 상대방의 마음이 어느 정도 누그러지면 단절 상태에서 느꼈던 아쉬움, 상대방의 장점, 그에게서 받았던 도움, 고마움 등을 회상하면서 관계가 회복되기를 바라는 마음을 내비치는 것이 좋다. 하지만 결정권은 어디까지나 상대방에게 줘야 한다. 상대방이 사과를 받아들이고 뜻을 수용하면 그것으로 화해가 이루어지는 것이다.

관계 회복을 위한 또 하나의 좋은 방법은 여전히 단절 상태에 있든 회복 단계에 있든, 상대방이 어떤 어려움을 겪고 있거나 도움이 필요할 때 서로 대립하는 원인과 상관없이 적극적으로 나서서 도와주는 것이다. 그러면 상대방이 먼저 화해를 요청할 수도 있다.

당사자들이 서로 대립하고 그 기간이 길어지면서 좀처럼 관계 회복이 어려운 경우가 있다. 대립의 원인을 누가 제공했는지 잘잘못을 가릴 수 있는 성질이 아니거나 조금씩 쌓여온 상대방에 대한 나쁜 감정이 어떤 일로 폭발해서 서로 회복하기 어려운 상태에 이르렀을 경우다.

하지만 그들의 심각한 대립이 주변의 친구나 동료들에게 큰 불편을 줄 때, 또는 당사자들이 은근히 관계 회복을 기대하지만 자존심 때문에 서로 버티고 있을 때는 '중재'가 필요하다. 당사자 양쪽을 모두 잘 아는 제3자가 개입해서 화해를 모색하는 것이다.

제3자는 대개 스스로 나서지만 주변의 권유를 받을 수도 있고 대립하는 당사자들 가운데 한쪽의 부탁을 받을 수도 있다. 어찌 되었든 제3자로서 당사자들의 대립에 개입하게 되면 어떡해서든지 분쟁을 잘 조정해서 화해시키도록 노력해야 할 것이다.

어떤 일로 말미암아 양쪽이 심각하게 대립하는 것은 서로 상대방에게 지지 않으려고 하기 때문이다. 기어코 서로 이기려고 하기 때문에 극단적인 대립 상태로 치닫는 것이다. 제3자는 어느 쪽이 이기고 지는 승부를 결정하는 심판관이 되어서는 안 된다. 양쪽을 모두 지지 않게 해줘야 조정이 가능하다.

또한 어느 한쪽을 두둔하고 옹호하거나 어느 한쪽에 적대감을 나타내서도 안 된다. 양쪽 당사자에게 친근감과 호감을 보이면서 자연스럽게 접근해야 한다. 당사자들을 따로따로 만나되 성급하게 화해를 종용하거나 위압적인 자세로 일방적인 지시를 해서도 안 된다. 대립하는 당사자들을 중재하기 위해 나섰다는 인상을 주는 것도 바람직하지 않다.

자연스럽고 일상적인 대화를 이어가다가 은근히 대립하고 있는 상대방의 얘기를 꺼내야 한다. "요즘 ○○○와 사이가 안 좋다면서? 어쩌다가 그렇게 된 거야? 두 사람이 무척 친한 사이였잖아?" 하는 식으로 유도하면 각자 자기 입장과 견해, 상대방에 대한 감정, 나쁜 감정을 갖게 된 이유 등을 열심히 설명할 것이다.

이때 말을 중간에 가로막지 말고 끝까지 들어주는 것이 좋다. 부당하거나 합리적이지 못한 부분이 있더라도 우선은 진지하게 경청함으로써 그의 불만이 어느 정도 해소될 수 있게 해주는 것이 좋다. 그다음 조목조목 따지지 말고 그의 말을 이해한다는 태도를 보여줄 필요가 있다.

그리고 나서 그가 그릇된 생각이나 오해하는 부분이 있다면 슬쩍 그것을 바로잡아주면서 그와 대립하는 상대방의 장점을 흘려주며 반응을 살핀다. 또는 대립하는 상대방은 항상 그를 좋게 평가하고 있다는 점을 슬며시 알려준다. 다소 사실과 다르고 과장해도 상관없다. 핵심은 상대방에 대한 악감정을 조금이라도 누그러뜨리는 것이다.

또한 중재를 위한 대화에서 유의할 점은 단번에 중재를 끝내려 하지 말라는 것이다. 단번에 대립하는 당사자들이 화해할 수 있다면 더 바랄 것이 없지만 그것은 쉽지 않다. 당사자들은 자존심 때문에 상대방보다 먼저 감정을 누그러뜨리려 하지 않는다. 한마디로 서로 상대방에게 지기 싫은 것이다.

그럼에도 중재자가 자신의 역량을 인정받고 싶어 성급하게 마음을 먹으면 자기도 모르게 화해를 강요하게 된다. 화해는 강요해서 될 일이 아니다. 당사자들의 자존심을 최대한 살려주고 패배감을 느끼지 않게 배려해야 한다. 단번에 끝내려 하지 말고 느긋한 마음으로 몇 번이라도 당사자들을 만나면서 점진적으로 악화된 감정을 풀어주어야 한다.

이제 어느 정도 당사자들의 화해가 가능하겠다는 판단이 섰다면 당사자의 어느 한쪽을 자연스럽게 만남의 자리에 데리고 나와 마주치게 하고 당사자 본인들이 악감정을 풀고 화해해서 서로의 관계를 회복하게 하는 것이 효과적이다.

거절당하더라도 여지를 남겨라

인생살이는 결코 내 뜻대로만 되지 않는다. 살아가면서 수많은 성취감을 얻기도 하지만 좌절하고 절망할 때도 많은 것이 인생이다. 설득을 위한 대화도 마찬가지다. 상대방이 무조건 당신의 설득을 받아들인다는 보장은 전혀 없다. 설득에 실패할 가능성을 배제할 수 없다. 당신이 원하는 목적의 성질에 따라 실패할 확률이 훨씬 높은 것들도 있다.

상대방이 당신의 요구나 부탁을 거절했다고 해서 그와의 인간관계가 끝나는 것은 아니다. 설득에 실패해서 자존심이 상할 수도 있겠지만 그때문에 상대방과 관계를 끊는다면 자기중심의 이기적인 행동일 뿐이다. 거절한 상대방도 마음이 불편할 것이다. 그렇지만 인간관계는 여전히 유지하고 싶은 마음이 있을 것이다.

따라서 거절을 당하더라도 서로 원만한 인간관계를 유지하며 변함없이 소통할 수 있는 여지를 남겨야 한다.

서로 어색하고 껄끄러운 사이가 지속되어 차츰 거리가 멀어진다면 목적도 달성하지 못하고 사람까지 잃고 만다. 그럴수록 설득의 목적을 버리고 순수한 마음을 가져야 한다. 상대방이 어려울 때 적극적으로 도와주고 우의를 다져야 한다.

이를테면 당신이 상대방을 설득하고자 했던 사안이 A라면 상대방은 그것을 거절할 수밖에 없는 여러 가지 사정이 있을 것이다. 하지만 다른 사안들 B, C, D는 상대방의 능력과 역량으로 도움을 줄 수도 있다.

우리에게는 살아가면서 남의 도움을 받아야 할 일들이 아주 많다. 꼭 한 가지만 있는 것은 아니다. 어떤 특정한 사안은 거절당했지만 다른 사안으로 상대방의 도움이 필요할 때도 얼마든지 있다. 그리하여 변함없이 상대방과 좋은 관계를 유지해야 하는 것이다.

설득이 실패했다고 해서 그 결과가 반드시 좌절과 절망을 가져다주는 것은 아니다. 설득의 대상이 되는 사람의 우선순위는 있겠지만 특정인 한 사람만은 아니다. 설득의 대상을 다시 선택할 수도 있다. 단 한 번의 설득에 실패했다고 해서 크게 낙심하고 좌절한다면 아무것도 추진할 수 없다.

당신에게 꼭 성취해야 할 목표가 있다면, 그것이 당당하고 남에게 피해를 주지 않는 목표라면 반드시 이루어내겠다는 열정과 용기를 가져야 한다. 실패가 없으면 성공도 없다. 그래서 많은 선현들이 "실패는 성공으로 가는 과정이다.", "실패가 없는 성공은 사상누각이다.", "실패를 경험하지 않고 성공하면 그 성공은 오래가지 못한다."고 말했다.

설득에 실패했다고 상대방을 미워해서는 안 된다. 오히려 당신에게 목표를 다시 한 번 살펴볼 수 있는 기회를 주고, 실패라는 좋은 경험을 준 것을 고마워해야 한다. 상대방에게 거절당했더라도 상대방과의 관계를 완전히 단절해서는 안 된다. 원만한 관계를 유지할 수 있는 여지를 남겨야 한다.

최종정보 효과(Recency Effect)

좋은 말을 많이 했어도 한 번 나쁜 말이나 싫은 소리를 하면 좋은 말은 말짱 헛것이 된다. 사람들은 예전에 들었던 좋은 말은 까맣게 잊고, 당장 들은 기분 나쁜 말, 자신에게 상대방이 했던 나쁜 말만 기억한다. 이것을 '최종정보 효과'라고 한다.

상대방에게 열 번 듣기 좋은 말을 해주는 것보다 한 번 기분 나쁜 말, 가시 돋친 말을 삼가는 것이 지혜롭다.

Part 4

상사와의
대화

직장인, 회사원, 봉급생활자 등과 같이 일정한 급여를 받으며 일하는 사람을 샐러리맨salaried man이라고 한다. 흔히 '월급쟁이'라고 부르는 사람들이다.

직장은 기업(회사), 기관, 단체 등 다양하다. 공무원, 교사, 직업군인도 직장인이라고 할 수 있다. 어느 곳이든 직장에는 그들의 목적에 맞는 사업이 있다. 이를테면 기업은 제품을 만들어 유통시킴으로써 이윤을 추구하는 것이 사업이며, 연구기관은 주어진 연구과제의 수행이 사업이다. 갖가지 단체들은 자신들의 설립 목적에 맞는 사업을 한다.

이러한 사업을 쉽게 표현해서 '일'이라고 한다. 직장인들은 직장에서 사업과 관련된 일을 하는 사람들이다. 직장의 특성은 자기 혼자만 일하는 것이 아니라 다수의 구성원들이 함께 일하는 공동체이며 조직체라는 것이다.

같은 목적을 가진 다수의 사람들이 함께 일하는 공동체나 조직에는 그들의 목적을 효과적으로 수행하기 위해 추구하는 목표와 방침과 수

칙 등이 있다. 그리고 어떤 직장이든 구성원들 사이에 서열과 조직 문화가 존재한다는 공통점이 있다.

직장인은 자신에게 주어진 업무를 빈틈없이 수행해야 함은 물론 구성원들 사이의 서열을 존중하며 조직 문화에 적응하고 순응해야 안정적인 직장생활을 이어나갈 수 있다. 그뿐만 아니라 구성원들과 원만한 인간관계를 유지해야 하며 직장에서 인정받을 수 있도록 최선을 다해야 한다. 그러기 위해 가장 중요한 것이 직장에서의 대화다.

직장에서의 대화는 크게 두 가지로 나눠볼 수 있다. 공식적인 대화와 사적인 대화가 그것이다.

일반적으로 직장은 오전 9시까지 출근해서 오후 6시까지 일하는 것이 기본이다. 특근이나 야근은 별도의 경우이고, 법적으로도 정해진 낮 동안의 근무시간에는 구성원들 간의 사적인 대화가 전혀 없는 것은 아니지만 일과 관련된 공식적인 대화가 원칙이다.

직장에서 일과 관련된 공식적인 대화는 제한적일 뿐 아니라 철저하게 서열과 조직 문화의 지배를 받기 마련이다. 조직에서의 서열은 거의 대부분 수직적 관계다. 지위에 따라 윗사람과 아랫사람의 구별이 분명하다. 바꿔 말하면 상사와 부하의 관계다.

상사는 직장 경력이 짧은 젊은 직장인의 입장에서 보면 연령과 상관없이 조직에서 자신보다 지위가 높은 최고경영인, 임원, 부장, 차장, 과장, 팀장과 같은 윗사람을 말한다.

상사는 조직에서 일한 경력이 많고 업무 경험이 풍부할 뿐 아니라, 지위에 따라 아랫사람들을 지휘하고 관리·감독하는 권한을 비롯해서 일정한 업무 결정권과 재량권을 가지고 있다. 특히 소속 부서의 상사는 아랫사람들을 다스리고 업무를 관할하는 데 상당한 권한이 있다.

우리의 조직 문화는 대부분 절대적인 상명하복을 요구한다. 상사는 명령과 지시를 내리고 아랫사람은 절대적으로 그의 명령과 지시에 따라야 한다. 조직에서 대부분의 갈등과 대립은 그 때문에 발생한다.

상사의 원만하지 못한 성격이나 기질도 문제가 있으며, 불합리하고 부당한 지시가 문제 되기도 한다. 아랫사람들에게도 판단력과 주관과 견해가 있음에도 상사가 그것을 완전히 무시할 때, 또한 인격까지 모욕당할 때 갖가지 불만이 쌓이고 스트레스가 되어 직장에 불만이 생기는 것이다.

직장생활의 대부분은 대화에 의해 이루어진다고 해도 과언이 아니다. 명령과 지시, 그에 대한 복종도 대화에 의해 이루어지고, 각종 회의, 업무 처리, 사업 수행 등도 모두 대화에 의해 진행된다. 그것들은 거의 공식적인 대화들이다. 말하자면 직장에서는 공식적인 대화 능력에 따라 업무 능력을 평가하고 인정한다.

직장에서의 사적인 대화는 보편적으로 퇴근을 한 뒤 회식이나 동료들끼리의 사적인 모임에서 이루어진다. 지위나 경력이 비슷한 동료들끼리 모여 함께 식사하거나 술을 마시면서 사회적 이슈나 지극히 개인적인 관심사를 얘기하기도 하지만 대부분의 대화 내용은 그들의 공통 관심사인 직장과 상사와 관련된 것이다.

직장의 임금 수준이나 복지, 경영 상태, 경영진의 문제, 장래성 등에 대한 불평불만, 이직에 대한 고민 등이 오가기도 하지만 역시 상사에 대한 불평불만과 비난, 험담이 화제의 중심이 된다. 이른바 '뒷담화'다. 그러한 뒷담화를 통해 스트레스를 푸는 것이다.

그러나 비밀은 없다. 직장이나 상사를 비난하고 험담하는 뒷담화는 비슷한 처지의 동료들끼리 서로 믿으면서 주고받은 얘기지만 어떠한 경로로든 당사자의 귀에 들어간다. 그리고 그것은 직장에서의 자기 위치와 평가에 아주 큰 영향을 미치기도 한다.

따라서 공식적인 대화든 사적인 대화든 직장에서의 대화는 몹시 중요할 수밖에 없다. 원만한 직장생활을 위해서는 당연히 대화의 기술, 요령, 수준 등을 알고 실천할 필요가 있다. 이제부터 그러한 것들을 구체적으로 살펴보자.

먼저 상사를 이해하라

직장인들이 겪는 가장 큰 문제는 상사와의 갈등이다. 특히 소속 부서의 직속 상사와 갈등을 겪는다면 상당한 스트레스를 받는다. 갈등이 생기는 이유는 업무 지시와 평가, 근무 태도 등 상사의 온갖 간섭과 관련이 있다.

업무를 처리할 때 상사와 견해차가 있을 수 있고 상사의 성격도 큰 영향을 미친다. 상사가 원만한 대화를 통해 어떤 상황을 처리하기보다 일방적인 지시와 추궁, 질책 등으로 일관하면 부하 직원은 제대로 말도 못하고 속된 표현으로 열을 받게 된다.

거기다가 상사로부터 고성, 폭언, 욕설을 듣는다면 엄청난 정신적 고통과 스트레스를 받을 수밖에 없다. 그렇다면 부하 직원의 위치에서 상사와의 갈등과 충돌에 어떻게 대처해야 할까?

무엇보다 마음이 내키지 않더라도 원만한 직장생활을 위해서는 상사의 입장을 이해할 필요가 있다. 물론 상사들에게도 서열이 있다. 갈등과 충돌이 가장 많은 사람은 역시 업무와 직접적인 관련이 있는 직속 상사다. 이를테면 팀장이나 과장, 좀 더 올라가면 차장이나 부장 등의 중간 간부들이다.

상사는 직장에서의 지위에 따라 재량권과 결정권을 갖는 책임자다. 주어진 권한을 행사하지만 그 결과에 따른 책임을 져야 한다. 자신의 책임을 다하지 못한다면 윗사람에게 추궁과 질책을 당할 수밖에 없다. 그 압박감은 업무의 일부분을 담당하고 있는 부하 직원들보다 훨씬 클 수밖에 없다.

그러니만큼 부하 직원들의 업무 능력과 근무 태도에 무척 예민하다. 자기 보호를 위해서도 부하 직원들을 철저하게 관리하고 빈틈없는 업무 처리를 요구하는 것이 그들의 생리다.

사실 중간 간부는 부하 직원들보다 더 고달프다. 그들도 샐러리맨이다. 대개는 말단 직원부터 시작해서 근무 경력과 능력에 따라 승진한 샐러리맨이다. 누구보다 부하 직원들의 고충을 잘 알면서도 업무 처리에 관한 한 냉정할 수밖에 없는 그들의 처지를 이해하는 것이 무엇보다 중요하다.

아주 못된 시어머니에게 시달린 며느리가 나중에 그 시어머니보다 더 가혹한 시어머니가 돼서 며느리를 괴롭힌다는 옛말이 있다.

물론 거기에는 한풀이 같은 마음도 작용했겠지만, 자신이 시어머니가 되고 보니 며느리를 간섭하고 통제하지 않을 수 없는 시어머니의 심정을 이해하는 부분도 있다. 자기도 며느리를 체험했으니 누구보다 며느리의 속성을 속속들이 꿰뚫고 있는 것도 한몫하는 것이다.

며느리가 시어머니에게 시달리지 않으려면 시어머니에게 불평불만만품을 것이 아니라 시어머니의 입장을 이해하고 심기를 건드리지 않도록 먼저 최선을 다해 며느리 역할을 해야 하고, 시어머니가 싫어하는 행동을 하지 않는 지혜와 요령이 있어야 한다.

직속 상사와 부하 직원의 상하 관계도 그러하다. 부하 직원은 상사에게 불만이 있더라도 되도록 그의 입장을 이해하려고 노력할 필요가 있다. 아울러 주어진 업무에 최선을 다하고 상사의 지시에 원칙적으로 복종하는 자세로 일해야 한다.

상사와 부하 직원의 갈등과 충돌은 개인적인 감정보다는 대부분 업무와 관련되어 일어난다. 상사가 지시하는 업무 수행과 평가, 수정·보완에 대한 또 다른 지시 등이 그것이다. 부하 직원은 성실하게 상사가 기대하는 업무 수행을 위해 최선을 다하고, 과장이나 축소 없이 사실대로 업무 보고를 해야 한다.

상사와의 갈등은 이러한 공식적인 업무를 처리하는 과정에서 자주 일어난다.

첫째, 상사의 지나친 질책과 추궁이다. 상사의 성격과 감정까지 개입되어 거의 인격 모독에 가까운 폭언과 욕설이 쏟아지면 부하 직원은 자신에게 잘못이 있더라도 크게 기분이 상할 뿐 아니라 사기가 떨어지고 의욕이 위축된다. 그리하여 업무 처리의 잘잘못보다 상사에게 좋지 않은 감정을 품게 되는 것이다.

둘째, 업무에 대한 견해차다. 업무 처리를 놓고 상사와 부하 직원의 견해가 다를 수 있다. 부하 직원은 자신의 견해나 처리 방식이 최선이라고 생각하는데 상사가 그것을 수용하지 않고 오히려 질책하며 전혀 다른 처리 방식을 지시하면 당혹스럽고 업무 처리도 제대로 이루어지기 어렵다.

셋째, 부하 직원이 상사의 지시에 따라 최선을 다해 성실하게 업무를 처리했고 상사도 그것을 받아들여 결재를 했지만, 직속 상사가 자기보다 더 높은 임원이나 고위 간부에게 업무 처리가 잘못됐다는 질책과 추궁을 당하는 경우가 있다.

그럴 때는 당연히 직속 상사가 책임을 져야 하지만 모든 책임을 부하 직원에게 떠넘긴다면 부하 직원은 억울하기 짝이 없다. 직속 상사의 지시를 따랐을 뿐인데 왜 자기가 책임을 져야 하는지, 직속 상사에 대한 불평불만과 악감정이 커질 수밖에 없다.

넷째, 우리나라에서는 직장생활을 하는 젊은 여성들이 상사의 성적인 횡포에 시달리는 경우가 아주 흔하다. 우월한 지위에 있는 상사에게 복종할 수밖에 없는 입장에서 상사가 개인적인 잔심부름을 시키는가 하면, 노골적으로 성적 표현을 하거나 수시로 슬며시 신체를 만지는 성희롱과 성추행이 흔하게 일어난다. 직장 여성들의 고통은 말할 수 없이 크다.

그렇다고 해서 직장을 그만둘 수도 없고, 어떻게 대처해야 좋을까?

첫째, 무엇보다 긍정적 마인드를 가져야 한다. 긍정적 마인드가 없으면 원만한 직장생활이 어렵다. 상사에 대한 불평불만보다 상사의 입장에서는 그럴 수밖에 없을 것이라고 긍정적으로 생각하고, 그에게 단점과 결점이 많더라도 장점을 먼저 생각하는 것이 좋다. 아무리 못된 상사라도 부하 직원으로서는 무엇인가 배울 점이 있다.

간혹 술자리나 사석에서 상사가 자신의 과오를 털어놓으며 사과할 때가 있다.

"내가 너무 지나칠 때가 많았어. 자네한테 폭언을 하고 욕설을 한 것은 내가 잘못한 거야. 내 성격에 문제가 많은가봐. 정말 미안하네."

상사가 이렇게 사과하는데 부하 직원이 마치 좋은 기회라는 듯이 그동안 쌓였던 불만들을 털어놓는 것은 바람직하지 못하다.

"아닙니다. 제가 과장님의 위치에 있더라도 그랬을 것입니다. 충분히 이해하고 있으니까 너무 신경 쓰지 마십시오. 제가 아직 부족한 점이 많아서 과장님을 불편하게 해드리는 것이 부끄럽습니다."

이런 식으로 상사를 이해하는 말을 하면 상사와의 관계가 한결 좋아진다.

둘째, 상사의 기분을 파악할 필요가 있다. 상사는 돌부처가 아니다. 그에게도 감정이 있으며 기분이 좋을 때가 있고 나쁠 때가 있다. 업무 보고는 상사의 감정을 살펴서 기분 좋을 때 하는 것이 효과적이다.

직속 상사가 윗사람에게 질책을 당했거나 가정 문제로 기분이 몹시 나쁜 상태일 때 눈치 없이 업무 보고를 했다가는 자칫 상사의 분노 게이지가 올라가 부당하고 합리적인 이유 없이 질책을 당할 수 있다.

셋째, 상사가 업무 보고 내용을 검토하는 과정에서 잘못이나 시행착오를 지적했다면 솔직히 자신의 잘못을 시인하는 것이 좋다. 구차스런 변명은 금물이다. 잘못을 솔직히 시인하는 것은 상사의 권위를 높여주는 것이기도 하다. 잘못을 과감하게 시인하면 상사도 너그러워진다.

넷째, 업무에 대한 상사의 수정·보완 지시가 있으면 그의 지시대로 실천하는 것이 좋다. 지시에 반발하거나 자신의 견해를 당당하게 주장한다고 해서 능력을 인정받는 것은 아니다.

다섯 째, 직장생활을 하는 여성은 상사의 성희롱이나 성추행이 되풀이되면 견디기 어렵다. 불이익을 당할까봐 모질게 거부하거나 반발하지도 못하며 큰 심적 고통을 겪는 경우가 허다하다.

슬기롭게 대처해야 한다. 자연스럽게 상사와 단둘이 대화할 수 있는 기회를 찾아야 한다. 그런 기회가 오면 먼저 상사의 능력을 칭찬하고 직장 선배로서 항상 많은 것을 배우며 존경하고 있다고 추켜세우는 것이 좋다. 그다음, 다만 한 가지 문제점이 있다며 진지하고 조심스럽게 본론을 꺼내야 한다.

"과장님께서 저를 아껴주시고 관심을 가져주시는 것은 정말 감사드립니다. 다만 저는 과장님의 개인적인 잔심부름 그리고 성적인 농담이나 행동에 대해서는 솔직히 견디기가 무척 어렵습니다. 그것 역시 저를 아끼시기 때문으로 이해하지만 저를 위해 삼가주시면 과장님께 더 바랄 것이 없겠습니다. 과장님께서 제 뜻을 받아주시면 지금까지 있었던 일은 모두 없었던 일로 하겠습니다."

이렇게 말하면 상사는 변명이나 핑계를 늘어놓겠지만 여직원에게 고통을 주는 행동을 삼가게 된다. 그럼에도 똑같은 행동을 반복한다면 한 차례 정식으로 경고하고, 역시 변화가 없다면 대부분의 직장에 설치돼 있는 성폭력신고센터 등을 이용해서 정식 절차를 밟는 것이 좋다.

여섯 째, 동료들끼리 뒷담화하는 자리에서는 되도록 입을 다무는 것이 좋다. 꼭 당신이 나서지 않더라도 뒷담화할 동료들은 많다. 굳이 동조할 것도 없으며 그냥 웃으며 경청해야 뒤탈이 없다.

뒷담화 자리에서 당신이 말하지 않으면 안 될 상황이라면 뒷담화의 도마에 오른 상사에게 많은 문제가 있는 것은 사실이지만 이러한 장점은 있다며 한 가지라도 장점을 얘기하는 것이 좋다. 상사가 나중에 자신에 대한 뒷담화를 알게 됐을 때 한 가지라도 장점을 얘기한 부하 직원에게는 호감을 갖게 된다.

상사를 설득하려고 하지 마라

부하 직원이 자신의 상사와 갈등하고 충돌하는 여러 가지 이유 가운데 하나는 상사와 맞서려는 것이다. 서열 차이가 큰 고위 간부와는 별로 맞설 일이 없지만 과장이나 팀장과 같은 직속 중간 간부와는 자칫하면 서로 맞서기 쉽다.

서열이 아주 높은 것도 아니고, 연령차도 크게 나지 않고, 매일같이 서로 얼굴을 맞대고 공식적인 대화와 사적인 대화를 끊임없이 주고받는 사람이 직속 상사다. 공식적인 업무뿐 아니라 회식이나 식사도 함께 하며 가장 많은 시간을 함께 보내는 매우 가까운 사이다.

따라서 서로의 성격과 장단점, 사생활까지도 훤히 알고 있으며 많은 시간을 함께 보내기 때문에 거리감이 없어서 허물없이 농담을 주고받기도 한다. 그 때문에 직속 상사를 어려워하지 않고 만만하게 생각하는 경우가 적지 않다.

이는 직장생활이나 인간관계에서 장점이자 단점이 된다. 어떤 이유로든 상사를 존중하지 않으면 업무 처리와 관련해서 부하 직원이 상사 앞에서 노골적으로 불만을 표시하며 맞서게 되는데 그 형태는 크게 '반발'과 '설득'의 두 가지다.

'반발'은 항명과 다름없다. 업무 능력이나 근무 태도와 관련한 상사의 지시와 질책에 복종하지 않고 맞서는 것이다. 다시 말하면 상사의 명령, 경고, 충고 등에 동의하지 않고 노골적으로 반발하며 대드는 것이다.

물론 상사의 고압적인 자세와 지적 사항 등이 객관성이 없고 불합리하고 부당해서 수용할 수 없는 경우가 있다. 그럼에도 상사이기 때문에 무조건 복종해야 하는 것이 억울할 수 있다. 또한 상사의 인격 모독에 가까운 폭언이나 경멸하는 태도에 자존심마저 상하게 되면 노골적으로 반발할 수 있다.

더욱이 요즘 젊은 세대들은 개인주의 성향이 강하고 인내심이 부족하다. 그동안 상사에 대한 여러 가지 좋지 않은 감정들이 쌓였다가 순간적으로 폭발할 수도 있다. 자신이 납득할 만한 잘못이 없다면 더욱 그러하다.

그러나 상사에게 문제가 있다고 하더라도 부하 직원이 정면으로 맞서는 것은 현명하지 않다. 정면으로 맞서봤자 얻을 수 있는 것이 아무것도 없기 때문이다. 부하 직원이 타당한 말을 하더라도 상사는 절대로 물러서지 않는다. 권위의식 탓이다. 상사는 자신에게 주어진 권위를 지켜야 생존할 수 있다는 사고방식을 갖기 마련이다.

부하 직원이 대들면 대들수록 자신의 권위가 침해된다고 생각해 더욱 크게 고함을 치거나 흥분해서 더욱 심한 폭언을 하기 일쑤다.

"그래서 자네가 나한테 대드는 거야? 나하고 싸우자는 거야?"

"이 자식, 도무지 싸가지가 없구먼. 어떻게 이런 놈이 우리 회사에 들어왔어?"

"너 같은 놈은 우리 회사에서 일할 자격이 없어! 어떡해서든지 너 같은 놈은 해고시키고 말겠어."

다툼이 길어질수록 폭언의 수위도 높아진다. 결국은 동료들이 끼어들어 싸움을 말려야 끝이 난다. 상사와의 노골적인 충돌이 조직 안에서 공식적으로 문제가 되더라도 조직은 서열이 위인 상사를 두둔하거나, 잘해야 양쪽에게 경고나 주의 조치가 내려질 뿐이다. 부하 직원은 아무것도 얻는 것이 없다.

상사와 크게 다투고 나면 부하 직원은 그 부서에서 일하기가 어렵다. 상사를 보기가 거북할 뿐 아니라 은근히 보복하는 상사들도 있다. 어쩔 수 없이 부서를 옮기는 경우가 많은데 다른 부서에서도 크게 환영받지 못한다. 옮긴 부서의 상사도 그를 경계하기 때문이다. 자칫 조직 안에서 낙인이 찍히는 것이다.

상사의 부당한 처사가 정말 억울하고 울분을 참을 수 없다면 상사와 단둘이 만나는 사적인 자리를 마련하는 것이 그나마 효과적이다. 사적인 자리에서 최선을 다해 상사를 존중하면서 자신의 억울함을 하소연하면 상사도 나름대로 경위 설명을 하면서 자신의 지나친 행동을 사과하는 경우도 적잖다.

상사의 태도가 어느 정도 누그러지면 상사를 존중한다는 뜻을 다시 한 번 밝히고 앞으로 최선을 다해 일하겠다고 다짐하면 상사와의 관계가 다시 원만해질 수 있다. 사적인 자리를 끝낼 때는 어떡해서든지 서로 웃으면서 악수하고 헤어질 수 있도록 해야 한다.

'설득'은 반발과는 차이가 있다. 상사와 부하 직원 사이에 업무 처리를 놓고 견해차를 보일 때 상사가 부하 직원을 설득하기보다 부하 직원이 상사를 설득하려는 경우가 더 많다. 상사가 제시하고 지시하는 업무 처리 방안과 그 업무를 수행해야 할 부하 직원의 견해가 다를 때 부하 직원은 못마땅하고 납득이 어렵더라도 상사의 지시를 따르는 것이 일반적이다. 그러나 부하 직원이 상사의 지시를 받아들이기 어렵고, 또 자신의 견해나 처리 방식이 옳다고 판단할 때 상사를 설득하려는 경우가 있다. 결국 부하 직원이 자신의 업무 처리 방안이나 견해를 고집하는 것이다.

물론 그것이 반드시 잘못된 것은 아니다. 상사의 요구보다 자신의 견해가 옳다고 확신하면 상사를 설득할 수 있다. 중요한 것은 상사를 설득하는 방법이다. 부하 직원은 상사를 설득하겠다는 생각보다 자신의 견해를 상사가 이해할 수 있도록 분명하게 구체적으로 설명하겠다는 생각을 가져야 한다.

흥분해서 큰 목소리로 말하거나 답답하다는 듯이 짜증스럽게 말해서는 안 된다. 차분하고 침착하고 조리 있게 설명해야 한다. 상사가 그러한 부하 직원의 설명을 이해하고 '그러면 그렇게 처리하라'고 물러서면 다행이다. 하지만 그런 경우는 많지 않다.

대부분의 경우, 상사는 더욱 강경한 태도로 옥박지르려고 한다. 역시 권위의식 때문이다. 따라서 상사에게 자기주장이나 견해를 고집할 때는 상사의 감정 변화를 잘 살펴야 한다.

아무리 진지하게 설명해도 상사가 건성으로 마지못해 듣는다면 한 걸음 물러서는 것이 낫다. 상사가 짜증을 내거나 화를 내면서 "자네가 뭘 알아? 시키는 대로 해!" 하고 격한 감정을 드러내면 이러지도 저러지도 못하고 난감한 상황이 되기 쉽다.

설득하고 설명하는 과정에서 자신의 주장과 견해를 장황하게 설명하기보다는 질문 형식이 효과적이다.

"과장님, 이 방법이 어떻겠습니까?"

"저는 이렇게 처리하는 것이 더 나을 것 같은데 과장님은 어떻게 생각하십니까?"

이처럼 상사가 말할 수 있는 기회를 많이 주면서 그의 주장과 견해를 듣다 보면 부하 직원은 상사의 생각을 좀 더 많이 정확하게 판단할 수 있으며, 자기주장과 견해도 충분히 전달하는 효과가 있다.

결론적으로 상사가 부하 직원의 주장을 받아들이지 않고 자기주장대로 밀고 나가려는 태도가 분명하면 더 이상의 미련을 버리고 물러서야 한다. 그것이 '상명하복'이라는 조직의 생리다.

직장에서는 져주는 대화를 할 수 있어야 한다. 지는 것이 아니라 져주는 것이다. 그러할 때 업무 처리 결과와 평가는 상사의 책임이다. 부하 직원은 불이익을 당할 일이 거의 없다.

후배가 상사라면 더욱 말조심하라

군대는 명령과 복종이 철저한 조직이다. 서열도 엄격하다. 장교 이상의 직업군인과 병역의무를 수행하는 일반 사병과는 임용과 복무 과정이 전혀 다르며 승진 과정도 규정이 확고하다.

따라서 아무리 큰 공을 세워도 비약적인 승진은 있을 수 없다. 일반 사병인 병장이 큰 전공을 세웠다고 해서 소위나 중위로 승진할 수는 없다. 장교들도 마찬가지다. 중위가 놀라운 공적을 이루었다고 해서 곧바로 중령이나 대령으로 승진할 수는 없다. 한 계급 특진 정도가 고작이다.

하지만 직장은 다르다. 직장도 서열과 상명하복의 조직 문화가 엄격하지만 오너, 경영자, 임원 등 최고위 간부들의 영향력과 재량권이 상당하다. 기업의 후계자가 될 오너의 자녀는 약간의 실무 수업과 경영 수업을 받고 곧바로 최고위 간부가 되기도 한다. 조직의 운영과 발전에 꼭 필요한 인물을 외부에서 특채해서 고위 간부에 앉히기도 한다.

그러한 특별한 경우가 아니라도 기업의 획기적인 발전에 결정적으로 기여했거나 창의력과 능력이 워낙 돋보여 누구나 인정하는 유능한 인재가 최고위 간부의 결정으로 서열을 무시하고 한 번에 몇 단계를 넘어서는 비약적인 승진을 할 수 있다. 서열이나 연령에 얽매이지 않고 능력 있는 인재를 중용하는 것은 잘못된 일이 아니다. 오히려 그것이 경력이 짧은 젊은 사원들의 사기를 북돋을 수도 있다.

그런데 문제는 입사 동기나 자신보다 근무 경력이 짧은 후배가 능력을 인정받아 크게 도약했을 경우다. 자신보다 서열과 지위가 낮았던 후배 또는 입사 동기가 지위가 높아지면 난감하다. 더구나 그가 자신의 직속 상사가 되면 정말 처신이 어려워진다.

자신의 후배에게 지시를 받아야 하고 업무 보고를 해야 한다는 것은 내면적으로 몹시 불쾌한 일이다. 존칭이나 경칭을 사용해야 한다는 것도 거북하고 그의 지시를 받으면서 자존심이 상하기도 한다. 자신이 조직에서 인정받지 못하는 좌절감에 퇴직이나 이직을 심각하게 고려하기도 한다.

후배를 상사로 모시게 된 동료들끼리 음주로 허탈감을 달래며 후배 상사에 대한 뒷담화로 퇴근 후의 시간을 보내며 어떻게 대처해 나갈 것인가 함께 대책을 심각하게 의논하기도 한다. 어찌 되었든 분명한 것은 조직의 처사에 대한 불만과 섭섭함을 감추지 못하며 사기가 떨어지고 자신의 무능함과 인생에 대한 회의까지 오게 된다는 것이다.

그러나 조직에서 능력과 역량에 따른 서열 파괴는 결코 드문 일이 아니다. 갑작스럽게 지위가 높아진 후배에게 잘못이 있는 것도 아니다. 당장은 거북하고 난처하고 수치심마저 들겠지만 그것이 현실이라면 과감하게 수용해야 한다.

후배가 어느 날 갑자기 상사의 자리에 앉았다고 하더라도 혼란스러워하거나 거북한 태도, 못마땅한 태도를 보이지 말고 아무 일도 없었다는 듯이 자연스런 태도를 보여야 한다. 그에게 보고해야 할 사항은 차분하게 보고하고, 그의 지시를 진지하게 받아들여야 한다.

특히 상사를 인정하는 호칭과 존칭에 소홀함이 없어야 한다. 상사가 된 후배도 자기보다 지위가 낮지만 선배나 동료에게는 특별히 조심해서 말하고 정중하게 지시한다. 그 후배가 진정한 인재라면 더욱 그렇다.

무엇보다 주의해야 할 것은 뒷담화다. 서열이 파괴되면 자연히 뒷담화가 많아진다. 조직에 대한 불만에서부터 상사가 된 후배를 모함하기도 한다. 연줄이 있다는 등 능력보다 백그라운드가 좋아서 발탁되었다는 등 모함과 터무니없는 과장이 쏟아진다.

그렇다고 해서 후배 승진에 대한 불만과 모함에 적극적으로 나서면 결코 공감을 얻지 못한다. 후배에게 뒤처진 데 대한 불평불만으로 여길 뿐이다. 그보다는 뒷담화 자리에서 후배의 뛰어난 능력을 인정하며 그의 비약적인 승진은 당연하다는 태도를 보이는 것이 좋다. 그와 함께 우리들도 더욱 분발하자며 동료들에게 동의를 구하는 것이 바람직한 태도다.

한 걸음 더 나아가서 상사가 된 후배를 앞장서서 적극적으로 돕는 것이 자신의 입지를 강화하는 데 큰 도움이 된다. 후배 상사는 선배가 헌신적으로 적극 돕는다는 것을 알게 되면 어떤 식으로든 보답할 것이기 때문이다.

후배 상사와 회식을 하거나 사석에서 만났을 때도 호칭이나 존칭에

변함이 없어야 한다. 후배 상사가 사석에서는 계급장을 떼자고 해도 상
사로서 존중해주는 것이 좋다. 그럴수록 후배 상사도 어려움이 있을 때
함께 의논하는 등 존중한다.

'압존법'에 대하여

우리 한글은 세계에서 가장 뛰어난 표음문자다. 글자의 구조와 구성이 간단해서 소리 나는 대로 글자로 옮기기가 아주 편리하며 배우고 익히기가 무척 쉽다. 그러나 우리말은 쉽지 않다. 외국인들도 한국말은 배우기 어렵다고 한다. 워낙 의태어나 의성어가 풍부하고 반말과 존댓말이 있기 때문이다.

특히 존댓말은 올바르고 예의에 맞게 쓰기가 만만치 않다. 이를테면 자기 부서를 찾아온 부장에게 부하 직원이 "부장님, 커피 드릴까요?", "커피 드시겠어요?" 하는 것은 쉽지만 그 자리에 없었던 과장에게 부장의 방문 사실을 알릴 때, "부장님이 오셔서 커피 드시고 가셨습니다." 하며 모든 행동에 존댓말을 쓰는 것이 맞을까?

아니면 "부장님이 와서 커피 마시고 가셨습니다."가 맞을까? "부장님이 오셔서 커피 마시고 갔습니다."가 맞을까? 우리도 헷갈릴 때가 많다. 더욱이 제대로 된 언어 예절을 배우지 못한 요즘 젊은이들은 나름대로 예의를 다하려다가 사물에도 존댓말을 하는 경우가 적지 않다.

"사장님, 커피 오셨습니다."

"과장님이 주문하신 샘플이 도착하셨습니다."

어색하기 그지없는 잘못된 존댓말이다. 이처럼 어려운 존댓말 가운데 '압존법壓尊法'이라는 것도 있다. 압존법이란 높여야 할 대상이지만 듣는 상대방이 더 높을 때 그 공대를 줄이는 어법이다.

이를테면 부장이 와서 과장을 찾는데 과장이 자리에 없다면 부하 직원은 어떻게 존댓말을 해야 할까? 과장은 자신보다 윗사람이고 부장은 과장보다 윗사람이다.

"과장님께서 거래처에 나가셨습니다." 해야 할까?

"과장님은 거래처에 나갔습니다." 해야 할까?

부장 앞에서 그보다 서열이 낮은 과장에게 최대한의 존댓말을 하는 것이 옳을까? 이럴 때 예의에 맞는 존댓말 표현이 압존법이다. 특히 서열 의식이 분명한 군대에서 압존법은 일반 사병들에게 큰 골칫거리였다. 대대장이 갑자기 찾아와서 소대장을 찾는데 소대장이 자리에 없을 때 사병이 어떻게 대답해야 할까?

"소대장님은 의무실에 가셨습니다."가 맞을까?

"소대장님은 의무실에 갔습니다."가 맞을까?

지금까지의 압존법에 따르면 "소대장님은 의무실에 갔습니다."가 맞다. 왜냐하면 소대장은 사병보다는 계급이 높지만 대대장보다 낮기 때문에 사병의 위치에서 자기보다는 높지만 대대장보다는 낮은 소대장에게 존댓말은 맞지 않는다는 것이다. 신세대 사병들에게는 무척 혼란스럽고 당혹스런 존댓말 사용법이었다.

그뿐만 아니라 군대에서는 전통적으로 이른바 '다나까 화법'이라는 것이 있다. '했습니다.', '식사했나?', '부르셨습니까?'와 같이 모든 말의 어미를 다, 나, 까로 끝내는 것이다.

이러한 군대식 대화법과 압존법이 자연스럽지 못해 '~요'에 익숙한 신세대 사병들에게 큰 불편을 준 것이 사실이다. 그러다 보니 드라마를 통해 크게 유행했던 '~지 말입니다'와 같은 어법에 맞지 않는 특이한 말이 군대에서 통용되기도 하면서 대화법의 갈등과 혼란이 이어져왔다. 그에 따라 국방부는 '다나까' 말투가 병영 문화를 딱딱하게 하고 절대적인 상하 관계를 조성함으로써 구성원들의 소통을 방해한다는 판단을 내리고 공식적인 자리가 아니면 '다나까' 화법을 쓰지 않도록 하는 '다나까 말투 개선지침'을 내리고 2016년 3월 1일부터 시행하고 있다.

이 지침에 따르면 공식적인 자리가 아니면 "하십시오."와 같이 ~요로 말끝을 맺는 일상용어를 허용하고 있다. "김 병장님 식사하셨습니까?"를 "김 병장님 식사하셨어요?"라고 해도 되는 것이다.

또한 압존법도 상관에게 대답할 때 자기보다는 높지만 상관보다는 계급이 낮은 경우 "김 병장 휴가 갔습니다."라고 대답했던 것을 "김 병장님 휴가 가셨습니다."라고 대답할 수 있게 압존법을 폐지함으로써 불편을 없앴다. 그러나 교육 훈련이나 보고 등 격식이 필요한 경우에는 '다나까' 말투를 그대로 사용할 수 있다고 했다.

서열 의식이 강한 직장에서 상사와 부하 직원 사이의 대화에서도 군대만큼은 아니더라도 어려움이 있을 수밖에 없다. 특히 젊은 직장인들이라면 더욱 존댓말이 어렵고 불편하다.

윗사람에게 서열을 의식하며 예의를 지키고 지나치게 정중하게 말하려다가 "부장님, 전화 오셨습니다."와 같이 사물에도 존칭을 붙이고, "부장님 양복 색깔이 참 좋으셔서 너무 멋지시게 보이십니다."처럼 말마다 존댓말을 하게 되는 것이다.

자신보다 나이가 많거나 서열이 높은 윗사람에게는 당연히 존댓말을 해야겠지만 지나치면 오히려 아부하고 아첨하는 인상을 준다. 중요한 것은 말하는 사람이 편하면 되는 것이다. 상사나 나이 많은 사람을 존중하면 저절로 존댓말을 하게 된다. 자연스러우면 된다. "부장님 양복 색깔이 좋아서 너무 멋져 보입니다." 하면 되는 것이다.

압존법도 의식하지 않아도 된다. 부장이 서열이 낮은 과장의 행방을 물을 때 "과장님은 거래처에 나갔습니다."라고 대답했지만, 부하 직원의 위치에서 과장이 자신보다 서열이 높으니까 "과장님은 거래처에 나가셨습니다." 하면 자연스럽고 문제 될 것이 없다. 화법話法에 너무 집착하고 신중하면 불편하고 자연스럽지 못하다. 윗사람이든 아랫사람이든 누구와 대화하더라도 스스로 '져주는 대화'를 하려는 마음가짐이 있으면 저절로 공손하고 겸손한 말을 하게 된다. 중요한 것은 말 그 자체가 아니라 마음이다.

상사끼리 경쟁할 때 중립을 지켜라

역사적으로 우리나라가 몽골의 침입, 임진왜란, 병자호란과 같은 민족적 수난을 겪은 것은 강대국들의 야욕이 가장 큰 원인이지만, 당시 국력을 키우지 못하고 내부의 갈등과 혼란으로 세상이 어지러워 침략의 빌미를 제공했던 우리에게도 큰 책임이 있다.

특히 조선 시대의 당파 싸움은 국가의 존망을 흔들 정도로 심각했다. 뿌리 깊고 고질적인 사색당파四色黨派는 동인, 서인, 남인, 북인, 노론, 소론으로 노골적인 분파를 만들어내며 끊임없이 사화士禍를 일으켜 나라를 혼란에 빠뜨리고 철저하게 국력을 소모시켰다.

이러한 역사적 교훈에도 불구하고 정치권의 파벌 싸움이나 계파 싸움은 오늘날까지 조금도 달라지지 않고 여전히 이어지고 있다. 국회의원들은 겉으로는 입버릇처럼 국가와 국민을 위해서라고 내세우지만 실질적으로는 권력 다툼과 당리당략, 사리사욕에 매몰돼 있다는 것을 국민들은 다 안다.

파벌과 계파를 이루어 자신들의 이익을 위한 대립과 충돌은 쉴 새 없이 갖가지 분쟁을 일으키고 화합과 소통을 가로막는다. 국가와 사회는 올바르게 앞으로 나아갈 방향을 잃고 혼란에 빠질 수밖에 없다. 국민들은 그들에게 환멸을 느끼며 분노한다.

계파 싸움과 갈등은 정치권에만 있는 것이 아니다. 온갖 조직에도 얼마든지 있다. 샐러리맨들이 일하는 직장도 예외가 아니다. 모든 직장이 다 그런 것은 아니지만 구성원이 많을수록 조직의 존재 가치와 운영 방침을 놓고 다양한 견해가 있기 마련이며, 그에 따라 자신들의 주장을 강화하기 위해 계파를 형성한다.

직장의 노사勞使 갈등도 자신들의 권익을 위한 계파 싸움이라고 할 수 있다. 하지만 노동자와 사용자의 두 세력은 법에서 보장하고 있는 공식적이며 발전적인 세력이다. 직장 안에 공식적으로는 있을 수 없는 파벌이나 계파가 존재할 때 갖가지 바람직하지 못한 갈등이 생기고 직장의 발전을 저해한다.

그렇다면 공식적으로 있을 수 없는 파벌이나 계파는 어떻게 형성될까?

여러 가지 이유가 있다. 일반적으로 직장의 목적 달성, 목표 실현과 관련해서 심각한 견해차가 빚어진 데서 비롯되는 경우가 많지만, 반드시 그 때문만은 아니다. 고위 간부들의 알력과 경쟁이 치열하면 서로의 사적인 감정까지 개입해서 도저히 화합이 불가능하다.

아울러 이른바 '줄서기'가 있다. 가령 이사장과 회장이 대립하고 전문

경영인인 CEO와 회장 아들이 대립할 때, 임원이나 고위 간부들이 어느 편에 서는 것이 자신에게 유리한지 살펴보고 누구나 판가름할 수 있을 정도로 어느 한쪽 편을 들면서 파벌이나 계파가 형성된다. 중요한 것은 사안의 옳고 그름보다 대립하는 계파들이 수단 방법을 가리지 않고 이기려는 데 있다.

또한 그에 따라 부장이나 과장 등의 중간 간부들도 어느 한쪽에 줄을 서면서 근무 경력이 짧은 젊은 직원들의 처신이 힘들어진다. 어쩔 수 없이 직속 상사의 편을 들지만 젊은 직원으로서는 자신의 견해와 달라 당혹스럽다.

더욱이 평사원들조차 서로 계파가 갈려 줄서기를 하고 있다면 업무의 갈등과 충돌, 개인적인 감정까지 겹쳐 업무 수행이 혼란스럽고 심각한 스트레스를 받게 된다. 줄을 잘못 섰다가 불이익을 당하는 경우도 많다. 승진에서 누락되거나 능력을 인정받기 어려운 한직閑職으로 밀려나거나, 자칫하면 직장을 그만둬야 할 상황을 맞기도 한다.

이와 같은 직장에서의 파벌은 아군과 적군처럼 그 실체가 뚜렷하게 드러나는 것은 아니지만 '회장파'니 '사장파'니 그 존재가 분명하고 모든 구성원들이 인지하고 있다면 평사원들은 암암리에 어느 한쪽을 선택하도록 강요받는다.

대부분 소속 부서의 상사나 선배가 업무의 본질과는 관계없이 자기 쪽에 줄을 서야 직장에서의 입지와 장래를 기대할 수 있다고 유혹한다. 직속 상사나 선배의 은근한 권유이기 때문에 거절하기가 쉽지 않다.

때로는 그들과의 의리를 생각해서라도 유혹에 넘어가기도 한다. 또 때로는 줄서기를 제안받았을 때 상사나 선배가 자신을 인정해주는 것

같아 만족감이 들고 마음이 뿌듯해지기도 한다. 그리하여 어느 한쪽 편에 서게 된 평사원들은 그 계파의 이익을 위해 노골적으로 앞장서는 경우가 적지 않다.

확고한 자기 주관을 가지고 어느 쪽으로도 기울지 않는다고 해도 그 때문에 큰 고통을 받는다. 어느 계파에도 가담하지 않으면 양쪽으로부터 외면당하고 따돌림을 당하기 쉽다. 계파는 자기들끼리만 소통하는 은근한 대화가 많고, 단합이나 대책 수립을 이유로 회식이나 술자리도 많기 마련이다. 그럴 때마다 대화에서 소외당하고 따돌림을 당해 왕따 신세가 되는 경우가 흔하다.

직장에서의 왕따는 학생들의 왕따보다 더 심각하다. 자신의 장래와 생계 문제가 달려 있기 때문이다. 혼자서는 도저히 버티기 힘든 것이 우리의 조직 문화, 직장 문화다. 그러면 어떻게 대처해야 할까?

첫째, 정도正道를 추구해야 한다. '대도무문大道無門'이라는 말이 있듯이 올바른 길에는 막힘이 없다. 뚜렷한 주관을 가지고 직장의 목표 달성에 최선을 다해 기여하고자 노력하고 빈틈없는 업무를 처리한다면 어느 계파에 속하지 않더라도 자신의 위치를 지킬 수 있다.

계파에 소속된 상사라도 사심 없이 정도를 걷고 있는 부하 직원을 자기 계파가 아니라고 외면하거나 어깃장을 놓을 수는 없다. 그들도 겉으로는 계파를 드러내지 않고 올바르게 업무를 처리하는 태도를 보여야 하기 때문이다. 오히려 시간이 지나면서 차츰 그러한 부하 직원을 의식하게 된다. 당당하고 떳떳하게 자기 소신과 정도에 충실함을 나타내는 것이 효과적이다.

둘째, 융통성과 융화력이 있어야 한다. 의도적으로 자신은 계파가 없다는 것을 강조할 필요는 없다. 어느 쪽 사람이든 서로 화목하게 지내려고 노력하면서 업무 상황에 따라 계파를 의식하지 않고 최선이라고 판단되는 쪽에 동조하고 협력하는 것이다. 그러한 태도가 일관성을 보이면 어느 계파에서도 무시하지 못한다.

셋째, 상사들의 대립에는 더욱 중립을 지켜야 한다. 직장에서는 서로 비슷한 지위에 있는 중간 간부끼리 은근히 경쟁하는 일이 비일비재하다. 특히 서로 라이벌이라고 생각하는 중간 간부끼리의 대립과 경쟁이 노골적일 때도 적지 않다.

부하 직원의 입장에서는 자신의 업무와 직간접으로 관련이 있는 중간 간부들의 노골적인 경쟁이 몹시 부담스럽다. 선뜻 어느 한쪽 편을 들기 어렵기 때문이다. 이럴 경우에도 정도를 지키는 것이 중요하다.

어느 한쪽에 치우치지 말고 철저하게 중립적 태도를 취하면서 업무 상황에 따라 옳다고 판단되는 쪽을 따라야 한다. 아울러 그러한 태도와 업무 처리에 확실한 논리를 갖고 있다면 서로 경쟁하는 상사들끼리도 차츰 그것을 인정하며 나쁜 감정을 갖지 않는다.

계파를 의식하지 않고 확고한 소신대로 행동하는 젊은 사원이 의외로 어부지리를 얻을 때도 많다. 직장 안에서 계파끼리 갈등하면서 어느 쪽도 노골적으로 자기편을 내세울 수 없는 상황일 때 계파 소속이 없는 인물을 내세워 서로 합의하는 것이다. 정치권에서도 그러한 경우가 많지 않은가?

파벌 싸움이나 계파 싸움은 충신과 간신이 마침내 밝혀지듯 언젠가는 결판이 나기 마련이다. 어느 쪽이 직장의 발전과 성장에 기여했는지 언젠가는 분명하게 나타나기 때문이다.

그런 결과가 나타나는 상황이 오면 결과가 나쁜 계파는 붕괴되거나 또다시 분열한다. 그에 따라 직장에서의 지위나 위치도 크게 달라진다. 결과가 나쁜 계파의 핵심 인물들은 직장을 그만둬야 하는 경우도 많다. 확실한 자기 소신을 가지고 중립을 지켜온 젊은 직원은 아무런 불이익도 당하지 않고 오히려 입지가 강화되는 경우가 더 많다.

이러한 모든 것은 말하기, 곧 대화 능력에 달려 있다. 성격이 외향적이든 내성적이든 자신의 소신과 주관을 상사나 동료들에게 대화를 통해 확실하게 주지시켜야 부질없이 계파 대립에 끼어들어 흔들리지 않을 수 있다.

회식 자리에서도 긴장을 풀지 마라

직장생활은 업무 시간에 성실히 일하는 것만으로는 완성되지 않는다. 상사나 동료들과 업무 시간 외에 특별한 자리를 만들어 서로 어울리며 격려하고 사기를 돋우는 기회가 많은 것이 직장생활이다. 이를테면 회식, 술자리, 노래방 등이 그것이다. 이런 자리는 공식적인 업무가 아니기 때문에 긴장감이 풀릴 수밖에 없다.

근무 시간의 경직과 긴장감을 풀기 위한 자리이니만큼 서슴없이 농담이 오가기도 하고, 근무 시간에 주고받기 어려웠던 개인적인 이야기나 업무와 관련 없는 관심사가 화제에 오르기도 한다. 더욱이 술을 마셔 취기가 오르면 긴장감이 더 한층 풀려 짓궂은 농담이나 직설적인 불평불만, 상사에 대한 막말과 험담도 쏟아진다.

상사도 공식적인 자리가 아니기 때문에 어느 정도 관대하지만, 지나치게 긴장이 풀려 불쾌감을 주는 말을 거리낌 없이 하는 것은 바람직하지 못하다. 험담의 대상이 된 당사자는 분위기를 망치기 싫어 막말이나 험담이 쏟아져도 농담이려니 웃어넘기지만 뒤끝이 개운치 않고 불쾌감의 여운이 오래가기 마련이다.

우리의 직장 문화에서는 외국인들이 놀랄 만큼 회식이 많다. 어떤 의미에서 회식은 사생활보다 직장에서 같은 부서의 구성원들끼리 단합을 도모하며 공동생활을 강조하는 특별한 만남이다.

회식에 의무적으로 참석해야 한다는 규정은 없지만 상사가 참석하는 회식에 부하 직원이 빠지기는 쉽지 않다. 상사는 소속 부서 부하 직원이 한 명이라도 빠지면 자신의 권위와 통솔력이 무시당하는 것이라고 생각한다.

서구식 생활 패턴에 익숙한 젊은 직원들은 공식적인 근무 시간만 준수하면 그 이외의 시간은 개인의 사생활에 충실하려고 한다. 퇴근한 뒤에 연인이나 친구를 만나고, 건강을 위해 헬스클럽에도 나가고, 자기계발을 위해 각종 학원에도 나가는 등 나름대로 퇴근한 뒤의 개인적인 시간이 더 바쁠 수 있다.

그런데 느닷없이 부서의 회식이 있다면 정말 난감하다. 회식에 빠질 수도 없고 이미 약속이 되어 있는 개인적인 모임에 빠지기도 어려워 난처해진다. 결국 어쩔 수 없이 회식에 참석하지만 마음이 편치 못해 안절부절못한다. 잠깐씩 회식 자리에서 빠져나와 약속한 친구와 쉴 새 없이 통화를 하고, 모임 장소를 회식 장소 근처로 옮기게 해서 바쁘게 양쪽을 오가기도 한다.

퇴근한 뒤에 개인적으로 해야 할 일이 있는 것이 잘못된 것은 아니다. 부모님 제사, 꼭 찾아가야 할 병문안, 가까운 일가친척이나 친구 가족의 장례식장에 가야 할 일도 있다.

갑작스런 회식에 참석하기 어려운 불가피한 개인 사정이 있다면 그 사정을 상사에게 설명하고 양해를 구하는 것이 상식이다. 하지만 가능하면 회식을 우선순위에 놓고 빠지지 않는 것이 좋다. 이런저런 구실로 회식에 자주 빠지면 직장 안에서의 정보에 어두워지고 상사나 동료들로부터 외면당하거나 왕따 당하기 쉽다.

회식과 개인적인 약속이 같은 시간이어서 겹칠 때 쉴 새 없이 통화를 하거나 양쪽을 오가는 것은 바람직하지 못하다. 역시 불가피한 사정을 알리고 개인적인 약속을 포기하거나 뒤로 미루는 것이 좋다. 회식 자리에서 자주 들락날락하면서 무엇엔가 쫓기는 태도를 보이면 회식에 참석한 다른 사람들까지 불안하고 어수선해진다.

우리의 회식 문화나 음주 문화에는 오랫동안 이어온 바람직하지 못한 관행이 있다. 술 마시는 시간이 무한정 길어지는 것과 한자리에서 끝나지 않는다는 것이다. 요즘 신세대 젊은이들을 중심으로 이러한 관행에 차츰 변화가 나타나고 있지만, 한번 술을 마시기 시작하면 어떤 식으로든 2차, 3차로 이어지기 마련이고 그에 따라 시간에 아랑곳하지 않고 마냥 술을 마시는 것이다.

일반적으로 직장의 회식은 저녁 식사로 시작한다. 그리고 이 자리에는 으레 반주飯酒가 뒤따른다. 반주는 분위기를 부드럽게 하고 식욕을 돋우기 위한 것으로 와인이나 맥주처럼 독하지 않은 술로 건배와 함께 한두 잔 마시는 것이 기본이다.

하지만 우리의 회식 자리와 술자리는 다르다. 식사 위주의 회식에서도 서로 술을 권하며 거나하게 취하도록 마신다. 술을 못 마시는 사람에게도 억지로 권하기도 한다. 참석자들이 어느 정도 술에 취해야 분위기가 화기애애해진다. 그렇다고 해서 회식한 자리에서 1차로 끝나는 경우는 드물다.

분위기가 고조되면 응당 2차로 진행된다. 2차는 대개 주점이다. 본격적으로 술을 마시겠다는 것이다. 특히 회식 자리가 별로 즐겁지 않았던 여직원들은 될 수 있으면 1차에서 끝내려고 하지만 상사나 적극적인 남자 직원들의 강요로 2차에도 마지못해 끌려간다.

이미 1차에서 취하기 시작한 참석자들은 2차에서 본격적으로 술을 마시면서 그야말로 망가진다. '망가진다'는 것은 자신의 이성이 무너져 평소와 다른 행동, 빗나가거나 엉뚱한 행동을 하는 것이다. 아니면 말이 많아진다. 해서는 안 될 말, 신중해야 할 말을 가리지 않고 내뱉는가 하면 막말과 폭언도 서슴없이 쏟아내는 것이다. 그리하여 감춰져 있던 각자의 내면이 드러나기도 한다.

3차는 대개 노래방이다. 단합을 도모하고 기분을 푼다는 취지로 노래방에 가서 서로 어울려 마음껏 소리 지르고 몸을 흔들어댄다. 긴장이 완전히 풀려서 여기서도 평소에 알 수 없었던 동료들의 본색이 곧잘 드러난다.

회식 자리에서 긴장이 풀렸을 때 참석자들의 행동에는 몇 가지 특징이 있다. 하나는 그야말로 술에 만취해 완전히 망가져서 막말을 쏟아내는 부류다. 이를테면 노래방에서 마이크를 혼자 독점하는 사람이 있는가 하면, 농담을 가장한 채 "야, 김 과장 나와! 노래방에 왔으면 노래를 해야지." 하면서 상사에게 막말을 하는 직원들이 있다.

다른 하나는 2차에서 전체적인 분위기는 아랑곳하지 않고 상사 옆에 바짝 붙어 앉아 요구 사항이나 불만, 그동안 쌓인 감정 등을 끈질기게 호소하며 상사를 괴롭게 하는 부류다. 모든 참석자들에게 신경을 써야 하는 상사는 끈질기게 붙잡고 늘어지는 직원에게 대답을 안 할 수도 없고 쫓아버릴 수도 없어 곤혹스럽다.

그런 밉상 직원은 노래방에 가서도 마찬가지다. 모두 노래하고 춤추는 와자지껄한 분위기에서 역시 상사 옆에 붙어 앉아 끝없이 자기가 하고 싶은 말을 쏟아내며 답변을 강요한다. 당하는 입장에서는 귀찮은 정도를 넘어서 짜증나고 울화가 치민다. 그 때문에 고함이 오가고 즐거운 분위기에서 다툼이 벌어지기도 한다.

올바른 의식을 지닌 직원이라면 회식, 술집, 노래방 등 업무에서 벗어난 자리일수록 대화에 조심해야 한다. 말조심을 해야 한다는 것이다. 아무리 만취했더라도 막말이나 폭언은 절대 금물이며 개인감정을 드러내서는 안 된다.

또한 분위기와 동떨어진 엉뚱한 행동을 하거나 특정 인물을 붙잡고 단둘이만 지속적으로 대화하는 것도 바람직하지 못하다. 그것은 상사나 동료에게 고통과 피해를 주는 행동이다.

물론 그러한 망가진 행동들이 업무 평가나 인사고과에 공식적으로 반영되는 것은 아니지만 상사에게는 비호감 인물로 각인되어 뜻하지 않게 불이익을 당할 수 있다. 함께 술을 마셔보면 그 사람의 인간성을 알 수 있다는 말은 허튼소리가 아니다. 술을 마시든 마시지 않든 인간성에는 변함이 없어야 한다.

폭군형 상사

신입사원이나 직장 경력이 짧은 젊은 사원들에게 소속 부서의 윗사람, 즉 상사는 피할 수 없는 불가피한 존재다. 어떤 상사를 만나느냐에 따라 자신의 능력을 인정받을 수도 있고 부정적인 평가를 받을 수도 있다.

직장의 상사의 유형은 다양하다. 폭군형 상사도 있고, 겸손하고 부하 직원을 배려하는 상사가 있는가 하면 기회주의적이고 이기적인 상사도 있다. 부하 직원의 입장에서는 어떤 유형의 상사를 만나게 될지, 그것은 자기 뜻대로 할 수 없는 운명이다.

어찌 되었든 소속 부서의 상사는 가장 많은 시간을 함께 보내는 직장의 선배다. 우리와 같은 조직 문화에서는 가족보다도 더 많은 시간을 함께 생활해야 하는 것이다. 어쩌면 시어머니와 며느리, 교사와 학생의 관계와도 같다.

시어머니가 포악하고 엄격하거나 아들의 입장만 일방적으로 두둔하고 나서면 며느리는 고달프다. 시어머니가 너무 착하면 며느리가 은근히 무시하며 모든 것을 자기 뜻대로 하려는 경향이 있다.

학생들도 마찬가지다. 호랑이 선생님을 만나면 긴장해서 수업 태도가 경직되지만 집중력이 높아져 학습 성과나 성적이 향상되는 경우가 많다. 성격이 유한 선생님은 엄격하지 않아서 학생들이 긴장하지 않는다. 당연히 수업의 집중력도 떨어져 성적이 오르지 않는 경우가 많다.

각양각색의 병사들로 이루어진 군대에서 엄격한 규율이 유지되는 것은 조직의 특성상 위계질서가 분명하고 폭군형 지휘관들이 많기 때문이다. 조직을 일사불란하게 이끌어가는 데 폭군형 상사가 필요한 경우도 있다.

직장도 엄연한 조직으로서 위계질서가 분명하지만 군대의 그것과는 다르다. 부하 직원도 인권과 인격을 존중받아야 하는 인격체로서 상사와는 직장의 선후배일 뿐이다. 그렇더라도 일반 직원들은 폭군형 상사를 피하고 싶어 한다. 그의 앞에서는 어쩔 수 없이 위축되고 경직되며 지속적인 명령과 지시, 질책과 추궁에 시달려야 하기 때문이다. 여기서 폭군형 상사에는 어떤 유형이 있는지 살펴보자.

1. 독불장군형

서열 의식이 강하다. 우월한 지위를 이용해서 부하 직원들 위에 군림하고 안하무인이며 습관적으로 부하 직원들의 인격을 무시한다. '나는 모두 옳다'는 터무니없는 우월감이 강해서 부하 직원들의 아이디어, 제안, 건의 등을 무시하고 모든 것을 자기 생각대로 일방적으로 밀고 나간다. 명령, 지시, 질책, 추궁이나 폭언, 막말이 일상적이다.

2. 불도저형

앞뒤 가리지 않고 무조건 불도저처럼 밀고 나가는 유형의 상사다. 좋게 말하면 추진력이 뛰어나고 '할 수 있다'는 긍정적인 태도는 배울 만하지만, 자칫 잘못된 판단으로 합리성과 타당성이 떨어지는 사업을 무리하게 추진한다면 부하 직원들이 뜻하지 않게 고통을 겪는다.

3. 좌충우돌형

어느 직장이든 좌충우돌, 천방지축으로 설쳐대는 상사들이 있다. 이들은 마치 직장의 CEO라도 되는 듯이 자기가 관리하는 부서뿐 아니라 다른 부서에도 간섭하고 참견하며 잦은 충돌을 일으켜 폭군으로 지탄을 받는다. 그들이 설치는 것은 성격 탓도 있겠지만 자신의 존재감을 알리고 싶기 때문이다.

좋은 점이 있다면 자기 부서를 아끼고 부하 직원들을 두둔하는 것이다. 하지만 다른 부서와 충돌이 잦아 업무 협조가 필요할 때 부하 직원들이 불편과 고통을 겪어야 하는 경우가 많다. 좌충우돌형 상사는 그 때문에 또 다른 부서와 크게 다퉈 부하 직원을 더욱 곤경에 빠뜨리기도 한다.

4. 자아도취형

지나치게 자기애가 강하고 자기중심적이다. 역시 '나는 모두 옳다'는 생각이 강하고, 부하 직원들을 자기 뜻대로 다스리는 것을 은근히 즐긴다. 기분에 따라 행동하기 때문에 일관성이 부족하다. 업무 지시나 처리에 변덕이 심해 부하 직원들은 어느 장단에 춤을 춰야 할지 당황스럽다.

5. 피해망상형

부하 직원들을 믿지 않는다. 긍정적인 마인드보다 부정적인 마인드가 강해서 '된다'보다 '안 된다'는 생각에 사로잡혀 있다. 업무를 처리할 때도 항상 부정적인 면을 먼저 생각하기 때문에 일이 원만하게 진행되지 못하는 경우가 많다.

당연히 짜증과 신경질이 잦아서 부하 직원들을 피곤하게 한다. 아무리 좋은 제안이나 건의도 일단 부정적인 시각으로 바라보며 만약에 발생할 문제점만 지적하니까 부하 직원들이 의욕을 잃고 무기력해지기 쉽다. 더욱이 업무가 제대로 추진되지 못하고 시행착오가 생겨 고위층으로부터 질책을 당하면 그 책임을 모두 부하 직원들에게 전가한다. 부하 직원들은 억울하고 고달프다.

폭군형 직장 상사들의 공통점은 무엇보다 자신의 우월적 지위에 갇혀 있다는 것이다. 따라서 부하 직원들에 대한 배려가 부족하고 인격을 무시하는 경우가 많다. 자기중심적이고 자신의 기분에 따라 변화와 변덕이 심하기 때문에 부하 직원들을 힘들게 한다.

퇴근 시간이 지나도 자신이 퇴근하기 전에 부하 직원이 먼저 퇴근하는 것을 노골적으로 싫어하고, 항상 자신의 지시에 즉각적으로 응하도록 대기 상태에 있기를 바란다. 그 때문에 부하 직원들에게는 원망의 대상이다.

하지만 학생 시절 호랑이 선생님을 만나기도 하고, 군대에서 지독한 상사를 만나기도 하고, 살다 보면 악질적인 윗사람을 만나기도 하는 것처럼 폭군형 상사가 싫어서 직장을 그만둘 수는 없다.

직장 상사는 평생 고정된 자리가 아니다. 어느 정도 기간이 지나면 상사가 바뀌기도 하고 부하 직원이 부서를 옮길 수도 있다. 그러니 폭군형 상사와 함께하는 동안 아무리 고달프더라도 그에게 적응하는 것이 최선이다.

폭군형 상사들의 또 한 가지 공통점은 야심이 있다는 것이다. 경쟁자들을 물리치고 더욱 높은 지위에 올라가려는 야심이다. 그에 따라 자기 방식대로 직장에 충성하는 것이 폭군의 형태로 나타나는 것이다.

폭군형 상사는 자신이 직장에 충성하는 만큼 부하 직원들도 자신에게 충성해야 자신의 야심을 달성할 수 있다고 생각한다. 이러한 심리에 적응해서 싫든 좋든 상사에게 충성하는 것이 직장에서 살아남는 길이다. 업무 처리와 수행에 최선을 다하고, 아부나 아첨은 아니지만 상사의 지시와 요구에 충실한 태도를 보여주는 것이 중요하다.

아울러 어떤 유형의 폭군 상사라도 충돌을 피해야 한다. 쌓인 불만을 누르지 못하고 폭발해서 정면으로 충돌하면 동료 직원들은 통쾌해하며 마음속으로 응원하겠지만 충돌의 대가는 자신이 불이익을 당하는 것뿐이다. 폭군형 상사의 행동에 문제점이 많더라도, 불의가 아니라면 참을 줄 아는 것도 직장에서 살아남는 지혜다.

폭군형 상사로부터 인격 모독을 당하거나 마음에 상처를 입으면 자존심이 상하고 수치감이 든다. 하지만 너무 집착하거나 크게 상심하거나 부끄러워할 필요는 없다. 동료들도 상사에게 당하기는 마찬가지이며 상사의 그러한 태도가 옳다고 지지하는 사람은 없기 때문에 태연한 태도를 지키는 것이 좋다.

그 때문에 자신을 우습게 보거나 얕잡아 볼 사람은 아무도 없다. 그뿐만 아니라 상사가 폭군이기는 하지만 그것은 그의 성격이지 특별한 악의는 없으며 그저 그때뿐일 확률이 높다. 시간이 흘러가기를 기다리면 된다.

그다음, 자아도취가 심한 폭군형 상사나 피해망상형 상사는 자기 기분에 따라 좌우되고 일관성이 없다. 그 때문에 업무 수행이나 부서 관리에 문제점이 드러나는 경우가 많고, 직장의 고위층은 그에 대해 냉정히 평가하고 상응하는 인사 조치를 하는 경우가 흔하다.

그런 폭군형 인간이 상사라면 그에게 맞서는 것은 바람직하지 못하지만 눈에 띄게 충성하는 것보다 그의 요구와 지시에는 따르되 적당한 거리를 두는 것이 좋다. 그와 한편으로 낙인찍히면 이로울 것이 없다.

직장 상사의 유형이 어떠하든 그들도 인간이기에 장점과 단점이 있기 마련이다. 폭군형 상사 밑에서 일하면 항상 긴장해야 하고 갖가지 스트레스가 많지만, 그가 직장의 업무에서는 폭군이어도 업무와 관련이 없을 때는 의외로 인간미가 있을 수 있다.

업무 수행의 결과가 좋지 않았을 때 그 책임을 부하 직원에게 떠넘기지 않고 당당하게 자신이 책임지고, 부하 직원이 어려운 처지에 놓이면 자신의 가족처럼 발 벗고 나서서 도와주기도 한다. 승진할 기회가 오면 부하 직원을 적극 추천하는 등, 겉모습과 다른 면모를 보여주기도 한다. 또한 업무와 관련해서 많은 것을 배울 수도 있다. 폭군형 상사라고 해서 무조건 두려워할 일은 아니다.

착하고 너그러운 상사는 일하기는 편하지만 결단력이나 추진력이 부족하고 겁이 많아서 업무 진행이 원만하지 못해 경영층으로부터 질책을 당하는 경우가 많다. 그 책임은 상사뿐 아니라 그 부서의 모든 직원에게 돌아간다. 부서나 부하 직원에게 이득이 될 것은 없는 것이다. 그런 상사는 인간적으로는 존경하더라도 배울 점이 부족하다.

직장인들은 일하면서 일을 배우고 경륜에 따라 능력을 인정받으면서 차츰 승진한다. 업무 능력이든 처세술이든 많이 배우는 것이 좋다. 상사는 대개 직장생활이나 인생 경륜, 나이가 위인 인생 선배다. 보다 많은 것을 배우려면 여러 유형의 상사를 경험하는 것이 도움이 된다. 폭군형 상사에게도 분명히 배울 점이 있다.

뒷담화 없는 직장은 없다

제1장에서 이른바 '뒷담화'에 대해 설명했지만 뒷담화가 가장 많은 곳이 같은 목적과 목표를 가진 구성원들로 이루어진 직장이다. 같은 목표를 지향하는 공동체여서 관심사가 같거나 비슷하기 때문에 뒷담화가 많을 수밖에 없다.

앞서 설명했듯이 공개된 장소나 당사자 앞에서는 듣기 좋게 말하지만 돌아서서 또는 뒤에서는 일반적으로 당사자를 헐뜯거나 비난한다.

몇 년 전 LG경제연구원의 조사에 따르면 직장인의 41%가 직장에서의 뒷담화가 갈수록 늘어나고 있다고 응답했다. 뒷담화의 주 대상은 상사였으며, 자신이 직장에서 뒷담화에 참여하는 이유로는 직장 및 타인에 대한 정보 확보(31%), 감정 분출 및 스트레스 해소(24%), 동료 간의 친밀감 형성과 나의 불만을 다른 사람들이 알아주기 원해서(각각 16%) 순이었다.

사실 뒷담화의 역사는 꽤 오래되었다. 대화의 시작이 뒷담화였다는 것이다.

영국의 진화생물학자 로빈 던바Robin Dunbar를 비롯한 일부 연구자들은 사회적 정보의 가치가 언어 진화의 원동력으로 작용했다면서, 인류는 뒷담화를 하기 위해서 대화를 시작했다고 주장했다.

또한 2014년 영국 맨체스터 대학 심리학 연구진은 실험을 통해 "유명인을 대상으로 한 험담과 뒷담화가 계속되는 이유는 그러한 행위가 일반 사람들의 사회적 지위를 유지시켜주는 주요 수단이 되기 때문"이라고 했다.

기본적으로 뒷담화는 일정 단체의 구성원들이 특정 대상에 대한 비판을 함께하면서 친목과 단합을 유지하려는 사회적 욕구에 근거를 둔다. 특히 유명인들을 대상으로 한 뒷담화가 많은 이유도 그만큼 자신이 사회적인 관심에 폭넓은 공감대를 유지하고 있음을 알릴 수 있는 수단으로 생각하기 때문이라는 것이다.

뒷담화는 서양보다 동양에서 성행한다. 특히 우리나라는 뒷담화가 더욱 많은 편이어서 우리의 문화적 특성으로 보기도 한다. 서양에서는 프라이버시를 중시하기 때문에 다른 사람에 대한 뒷담화는 즐기지 않는다고 한다.

어찌 되었든 뒷담화를 통해 자신의 직장이나 구성원들에 대한 갖가지 필요한 정보도 얻고, 상사에 대한 비난과 험담 등으로 자신의 욕구불만을 분출하며 스트레스를 푸는 행위가 반드시 나쁘다고 비난하기는 어렵다. 더욱이 뒷담화의 참석자들이 더욱 친밀감이 두터워지고 결속감이 강화되는 것을 나쁘다고 할 수는 없다.

하지만 특정인에 대한 험담과 비난으로 이루어지는 뒷담화가 반드시 사실과 일치하며 올바른 판단이라는 보장은 없다. 뒷담화하는 사람들의 개인적인 감정이 개입되기도 하고, 특정인에 대한 평판이 사실과 다르게 왜곡되기도 하는 것이다.

그 까닭은 뒷담화의 도마에 오른 특정 대상을 정확하게 묘사하기보다 함께 뒷담화를 하는 참석자들 사이의 친밀감과 유대감을 더욱 중요하게 생각하기 때문이라고 전문가들은 말한다. 뒷담화가 알려지면 그 대상이 됐던 특정인과의 관계는 악화될 수 있겠지만 그보다는 뒷담화의 참여자들, 즉 현재의 대화 상대를 더 중요하게 생각한다는 것이다.

그러나 한번 뒤집어 생각해볼 필요가 있다.

뒷담화는 보편적으로 반발하고 저항하기 어려운 상사에 대한 험담과 비난이 대부분이지만 반드시 상사에 대한 뒷담화만 있는 것은 아니다. 비슷한 위치에 있는 동료들 사이에도 뒷담화가 얼마든지 있을 수 있다. 또한 남자 직원의 여자 직원에 대한 뒷담화, 여자 직원의 남자 직원에 대한 뒷담화도 있다.

상사에 대한 뒷담화는 대개 그의 성격, 업무 처리에 대한 지시와 질책 등의 불만이 주요 메뉴지만 동료나 이성 직원 간의 뒷담화는 근무 태도, 개성, 취향, 신뢰성, 남녀 관계 등 사생활에 대한 폭로성 뒷담화가 훨씬 더 많다.

상사든 동료 직원이든 자신이 뒷담화의 대상이 되고 있다는 사실을 알게 되면 심기가 불편하고 은근히 화가 날 것이다. 그뿐만 아니라 자신에 대한 어떤 험담과 비난, 사생활 폭로가 뒷담화의 내용이었는지 알고 싶을 것이다. 그리하여 뒷담화에 참여했던 직원을 찾아내 추궁하려고 할 것이다. 더욱이 뒷담화의 주동자를 찾아낸다면 정면충돌도 불사할 것이다.

따라서 이 항목에서는 왜 자신이 부하 직원 또는 동료들 뒷담화의 대상이 됐으며 그러한 사실과 내용을 알게 됐을 때 어떻게 대처할 것인가를 살펴보자.

일반적으로 뒷담화는 특정인에 대한 부정적 평가와 험담, 비난이 대부분이다. 뒷담화의 참석자들이 그저 농담처럼 가볍게 웃어넘길 수 있는 내용이라면 알고도 모른 척하는 것이 현명하다.

너무 민감하게 대응하면 역효과가 나타날 수 있다. 그냥 모른 척 내버려두면 저절로 사라질 것을 공연히 긁어 부스럼을 만드는 꼴이 되기 쉽다. 자칫 속 좁은 인간으로 또다시 뒷담화의 대상이 될 수 있으므로 뒷담화의 주동자를 알게 됐더라도 그에게 너그러운 태도를 보이는 것이 효과적이다.

그러나 지나치고 진지한 험담과 비난, 또는 태도나 행동에 대한 과장되고 왜곡된 헛소문, 하지도 않은 말이나 행동이 자신이 한 것으로 와전되어 그것이 뒷담화를 통해 직장 안에서 은근히 퍼져나가고 있다면 참고 견디기 어렵다. 못들은 척 그냥 내버려뒀다가는 어떻게 확산될지 모른다.

그럴 경우에는 가만히 있을 수는 없다. 왜곡된 평가를 그냥 내버려두면 갈수록 더욱 왜곡되어 퍼져나간다. 그것이 소문이나 뒷담화의 특성이다. 적절한 대응이 필요하다.

이럴 때는 흥분해서는 안 된다. 조급하게 서둘러서도 안 된다. 평소와 다름없이 차분하게 자기 일을 하면서 신중하고 조심스럽게 험담과 나쁜 소문을 퍼뜨린 주동자를 찾아야 한다.

그다지 어려운 일은 아니다. 직장은 범위가 뻔하기 때문에 자기 부서를 비롯한 주변에서 어렵지 않게 찾아낼 수 있다. 찾아낸 다음에는 단둘이 조용히 만날 기회를 만들어야 한다. 역시 감정이 앞서거나 윽박지르면 안 된다.

"○○○ 씨, 퇴근하고 나하고 차 한잔할래?"

단둘이 만나게 되면 먼저 자기반성이 필요하다.

"나에 대한 뒷담화가 무성하다는 걸 나도 알고 있어. 그건 나한테 무엇인가 문제점이 있다는 거야. 아니 땐 굴뚝에 연기 나겠어? 업무 태도나 우리 부서원들과의 인간관계, 또 내 성격이나 사생활 등에 문제가 있기 때문이거든. 나도 깊이 반성하면서 하나씩 개선해나갈 생각이야……."

이쯤 얘기하면 상대방도 왜 자기와 만나자고 했는지 그 까닭을 충분히 짐작한다. 그가 마음의 준비가 됐을 때 차분하게 미소 띤 표정으로 자신에 대한 과장되고 왜곡된 헛소문의 진실과 사실을 설명해준다. 상대방이 질문하면 성실하게 대답하여 납득할 수 있게 해야 한다.

설득이 아니라 납득이다. 감정을 드러내고 흥분하거나 추궁해서는 안 된다. 그리하여 상대방이 자신의 잘못을 인정하고 사과하면 되는 것이다. 자신의 잘못을 인정한 상대방은 더 이상 헛소문을 퍼뜨리거나 험담을 하지 않을 것이며 오히려 사실과 진실을 알리려고 할 것이다.

상대방과 뒷담화에 대한 오해가 풀렸으면 함께 식사를 하거나 술을 한잔하자.

"직장생활하면서 뒷담화가 없을 수는 없거든. 나 자신도 상사에 대해 뒷담화를 한 적이 많았지……."

이렇게 너그러운 태도를 보이며 부드러운 분위기에서 만남을 끝내고, 그 뒤로 상대방과 원만한 관계를 유지하면 자신에 대한 뒷담화가 차츰 사라지게 된다. 뒷담화는 직장생활에서 일상사나 다름없다. 그 때문에 흥분하거나 충동적인 행동을 한다면 자신의 이미지가 더욱 나빠진다.

부정과 비리에는 절대로 동조하지 마라

직장이란 목적과 목표에 따라 자신들의 분야에서 다양한 사업을 추진하는 곳이다. 또한 사업 수행과 관련해서 정부의 관계 부처, 다른 기업이나 기관, 단체 등과 갑을 관계를 형성하며 서로 협력하고 협조해야 목표를 달성할 수 있다.

일반적으로 갑은 인허가권, 감사, 지휘와 지도, 입찰과 낙찰, 보조금 지급, 발주, 납품, 원청과 하청, 재하청 등에서 우월적 지위에 서서 자신들에게 주어진 권한과 재량권을 행사한다. 을은 갑과 유기적이고 원만한 관계를 맺어야 자신들의 사업을 추진해나갈 수 있다.

이러한 관계에서 을은 약자일 수밖에 없다. 더욱이 갑이 우월적 지위를 이용해서 권한 남용과 횡포, 끊임없고 난처한 요구 조건 등을 내세우며 괴롭히면 을은 힘겹고 고달프다. 그러나 목표 달성을 위해서 어쩔 수 없이 저자세로 갑과 원만한 관계를 유지해야만 한다.

이러한 과정에서 온갖 비리가 발생하기 쉽다. 갑과 을의 이해관계를 조절하고 사업의 추진을 도모할 수 있는 인맥이 동원되고 브로커가 개입되는가 하면, 뇌물이 오가고 접대라는 구실로 과다한 향응이 제공되기도 한다. 사업의 성취를 위해 애쓴 인맥들에게도 인사를 해야 하고, 성공시킨 브로커에게는 커미션이 제공된다.

그뿐 아니라 갑은 을에게 당당하게 리베이트를 요구하는 경우도 있으며, 자신들에게 책임 추궁이 돌아오지 않도록 불법적인 회계 처리를 요구하고 차액과 뒷돈을 챙기기도 한다. 또한 갑과 을의 거래를 성사시킨 실무자들에게도 규모에 맞는 사례를 해야 한다.

이러한 것들은 몇 가지 사례에 불과하지만 모두 불법이고 탈법 행위다. 공식적인 사업비 외에 불법적으로 막대한 자금을 투입한 을은 공식적으로 회계 처리할 수가 없다. 그 때문에 이중장부, 분식 회계 등 역시 불법적인 방법들이 동원된다. 또는 그러한 목적으로 사용하기 위한 불법적인 비자금도 마련해놓아야 한다.

갑도 마찬가지다. 직장의 차원에서 받았든 개인적으로 받았든 불법 자금을 공식적으로 회계 처리할 수는 없다. 개인적인 뇌물은 정확하게 파악하기도 힘들다. 불법으로 받은 금액의 액수가 크면 역시 비자금이 되고 액수가 적으면 관계자들이 나눠 갖거나 회식비로 사용한다.

갑을 관계나 상하 관계에 상관없이 불법과 비리, 부정이 만연하고 있으며 그것이 관행처럼 굳어져 있다. 그뿐만 아니라 직장의 각종 불법과 비리 행위는 정직하고 큰 꿈을 갖고 있는 젊은 사원들에게는 회피하기 어려운 정신적 부담이 된다.

직장인은 직장의 발전과 꾸준한 성장을 위해 자신의 능력을 발휘하고 최선을 다하는 것이 의무이자 도리다. 자신의 직장이 사업 성취를 위해 불법과 비리를 자행할 때 어떤 태도를 취해야 할지 큰 부담을 느끼며 갈등하지 않을 수 없다.

더구나 자신이 그러한 불법과 비리를 수행하는 데 어떤 역할을 맡은 실무자라면 더욱 난처해진다. 자기 자신이 아니라 직장을 위한 일이라지만 명백한 불법과 비리에 가담하는 것은 범죄행위에 동조하는 것이며 자칫 온갖 비리가 밝혀지게 되면 뜻하지 않게 범죄자가 되고 만다.

그렇다고 해서 정의롭게 양심선언을 하거나 내부 고발자가 되기도 어렵다. 어쩔 수 없이 직장을 그만두거나 직장에서 왕따 당해 외톨이가 되고, 조직의 배신자로 낙인찍히기 쉽다. 다른 직장으로 옮기기도 무척 어렵다. 양심선언, 내부 고발자의 전력이 있는 것을 알면 다른 직장에서도 그를 채용하기 꺼리기 때문이다.

과연 직장의 불법과 비리에는 어떻게 대처해야 할까?

무엇보다 자신이 지켜온 올바른 삶의 목표인 정의, 정직, 양심과 융통성을 균형 있게 조화시켜야 한다. 그것이 최선은 아니지만 차선은 될 수 있다. 혼자 독야청청하면 직장에서 외면당해 견디기 어렵다. 조직은 조직 문화와 관행을 완전히 바꾸거나 거부하기 어렵다. 어느 정도 적응해야 직장생활을 이어갈 수 있다.

따라서 직장 차원에서 의도적이고 계획적으로 벌어지는 불법, 탈법, 비리 등의 원인과 결과, 책임은 직장에 맡기는 것이다. 사실 그러한 행위들에 대한 모든 책임은 공식적으로 회사 최고경영자가 지게 된다.

아울러 그러한 부조리에 자신이 실무자로서 참여할 수밖에 없을 때는 직속 상사의 지시에 따르고, 그것이 반복돼 양심적으로 도저히 수용할 수 없을 때는 신중하게 이직을 고려해볼 필요가 있다.

만약 이직을 결심했다면 당장 직장을 그만둘 것이 아니라 동료들 모르게 이직을 추진하고, 새로운 직장이 결정되었을 때 사직해도 늦지 않다. 다만 배신자가 되어서는 안 된다. 사직하는 이유가 직장의 비리 때문이라는 것을 내세우면 배신자가 되고 만다. 다른 적절한 사직 이유를 만들어 동료들과의 인연을 완전히 끊지는 않는 것이 좋다.

직장이나 소속 부서에서 불법으로 조성한 비용으로 회식 등을 할 때도 굳이 빠질 필요는 없다. 하지만 불법 자금 관리를 자신에게 맡기려고 하면 적당한 구실을 만들어 사양하고, 불법으로 조성된 돈을 상사의 지시로 소속 부서원들이 나눠 갖게 되면 그 돈을 보관하고 있다가 직장 내의 봉사단체 활동비로 내놓거나 불우이웃돕기 등에 기부하는 것이 좋다.

또한 갑을 관계에서 을이 뇌물을 준다면, 사소한 선물은 받아들여도 괜찮지만 액수가 크든 작든 돈이라면 정중하게 거절하는 것이 좋다. 어쩔 수 없이 받았더라도 기회를 봐서 되돌려주는 것이 좋다. 이때 상대방을 난처하거나 불쾌하게 만들지는 말아야 한다. 정중하게 거절하며 그것이 자신의 소신임을 밝히면 된다. 그래야 후환이 생기더라도 그에 대한 처벌을 피할 수 있다.

갑을 관계도 결국 대화에 의해 이루어지는 것이다. 자신이 갑의 위치에 있다고 해서 을에게 막말을 하거나 무리한 요구를 하고 은근히 무엇인가 대가를 바라는 말을 흘리면 자신의 가치가 크게 떨어진다. 을도 마찬가지다. 갑에게 지나치게 저자세이거나 아부·아첨은 좋지 않다.

아무리 비리가 관행이라고 하더라도 사업이 비리에 의해 이루어지는 것은 아니다. 어디까지나 사업 내용이 우선이다. 자신의 능력을 키우고 뚜렷한 소신을 지니고 그에 합당한 대화를 한다면 상대방도 부당한 요구를 할 여지가 줄어든다.

험담은 살인보다 위험하다

남을 험담하지 마라. 남을 헐뜯는 소문을 내는 것은 살인보다 위험하다. 살인은 한 사람을 죽이지만 중상모략은 퍼뜨리는 사람, 듣는 사람, 그 화제가 되고 있는 사람, 세 사람을 죽이기 때문이다.
나쁜 소문을 내는 사람은 무기를 사용해서 사람을 해치는 것보다 더 죄가 무겁다. 나쁜 소문은 멀리서도 사람을 해칠 수 있기 때문이다.

— 《탈무드》에서

부부 갈등에서
져주는 노하우

이기려고 하지 마라

흔히 부부는 '일심동체'라고 한다. 남자와 여자가 서로 사랑으로 얽여 평생 함께하며 삶을 가꾸어나가니까 한마음, 한 몸이나 다름없다. 또한 부부가 일심동체여야 잉꼬부부로 화목하고 행복할 수 있다.

부부가 일심동체가 되면 전지전능한 신의 능력을 넘어선다고 했다. 그리스신화에서는 인간은 원래 암수한몸, 즉 남녀가 한 몸이었다고 한다. 그런데 인간의 능력이 너무 막강해서 신을 능가하자 신들이 의논 끝에 남녀를 따로 떼어놓았다는 것이다.

그리하여 결혼이란 서로 떨어진 자신의 반쪽을 찾는 것이며, 그래서 배우자를 찾는 것을 자기 '짝'을 찾는다고 말한다는 것이다. 흥미로운 신화이다. 사실 부부가 한마음 한뜻으로 힘을 합치면 어떠한 역경도 극복할 수 있다.

그런데 부부가 일심동체가 되는 것이 쉬운 일만은 아니다. 자신의 진짜 짝이 아니라 잘못된 선택을 할 수도 있고, 성별·성격·역할 차이 등이 갖가지 오해와 불신과 갈등을 일으켜 불화를 겪는 경우가 매우 흔하다.

이를테면 심각한 개성·성격·생활 태도의 차이, 경제 문제, 자녀의 양육과 교육에서 오는 견해차, 양가 부모와의 문제, 결혼한 뒤에야 알게 된 배우자의 불미스러운 과거 행적, 외도 등이 부부 갈등을 일으키고 대립하게 한다.

지난날 봉건주의 가부장 시대에는 남성의 지위가 절대적으로 우월해서 여성은 무조건 남자에게 복종하고 살았다. 그 때문에 여성들은 한은 쌓였을망정 남편과 갈등을 겪거나 대립하는 일은 있을 수 없었다. 그런 상황이 오는 것은 모두 여자의 잘못이었다.

하지만 오늘날은 남녀평등이 보편화된 시대다. 여성들도 남녀 구별 없는 좋은 가정환경에서 성장했으며, 대부분 남자들에게 뒤지지 않는 고등교육을 받고, 직장생활이나 사회 활동을 했기 때문에 남자 앞에서 당당하다.

또한 요즘 젊은 여성들은 이기적이라고 할 만큼 자기애와 자존심이 강하고 자기주장이 분명하다. 결혼을 하더라도 당연히 남녀의 지위가 동등하다. 오히려 부부간이나 가정의 주도권은 아내가 갖는 것이 요즘의 추세다. 그 때문에 여전히 가부장 의식을 갖고 있는 남편이라면 아내와 갈등을 겪거나 충돌하는 경우도 적지 않다.

이러한 풍조는 특히 요즘 젊은 기혼 여성들 사이에서 두드러지게 나타나는 현상이다. 더구나 아내가 남편보다 나이가 더 많은 연상녀, 연하남 부부가 크게 늘어나면서 아내가 가정을 주도하며 마치 연하 남편의 어머니나 누나처럼 행동함으로써 부부 갈등이 커지고 있다.

부부 갈등과 대립의 형태는 다양하다. 사소한 시비로 한쪽이 한동안

삐쳐서 서로 말을 안 하거나 화해할 때까지 일시적으로 각방을 쓰는 경우도 있고, 갖가지 문제로 부부가 심하게 다투면서 관계가 소원해지기도 한다. 또한 생활 태도나 가치관, 개성, 성격 등이 서로 맞지 않아 자기주장만 고집하면서 분위기가 살벌해지고, 그 정도가 지나쳐 별거하는 경우도 있다.

부부 갈등과 대립이 심화되면 남편은 집에 들어가는 것이 불편해 밖에서 겉돌거나 항상 술에 취해 귀가할 때가 많다. 또는 심란한 마음을 달래려고 외도하는 남편들도 적지 않다. 그런가 하면, 직장과 가정에서 받는 스트레스가 겹쳐 감정을 조절하지 못하고 상습적으로 가정 폭력을 자행하는 남편들도 있다.

그렇다면 어떡해야 화목한 부부, 화기애애한 가정을 만들어나갈 수 있을까?

무엇보다 부부간에 대화를 많이 해야 한다. 우리나라 부부의 대화 시간이 OECD 국가들 가운데서 가장 짧다는 통계가 있다. 부부가 변함없이 서로 사랑한다면 함께 대화하는 시간을 늘려야 한다.

또한 부부 대화에서 남편이 아내에게 이기려고 하지 말아야 한다. 부부간이라 해도 얼마든지 의견과 성격 차이가 있을 수 있으며 가치관이나 인생관이 전혀 다를 수도 있다. 일심동체라고 해도 배우자가 나와 다를 수 있다는 사실을 인정하고 그것을 존중해야 한다.

부부가 서로 자기주장을 내세우며 팽팽히 맞설 때 남편은 기어코 아내에게 이기고 말겠다는 아집을 버리고 한 걸음 물러서는 것이 현명하다. 슬며시 양보하고 져주는 것이다.

'엄마는 모두 옳다', '아내의 말은 모두 옳다'라는 남자들의 자조적인 넋두리도 있지만 사실 여자의 생각과 판단이 남자보다 옳은 경우가 훨씬 더 많다. 여자는 속이 좁다고 하지만 여자의 시각이 남자보다 더 넓고 세심하고 정확하고 타당한 경우가 더 많은 것이다. 그것은 아주 먼 원시시대부터 우리 인간에게 입력된 DNA이기도 하다.

수렵과 채집으로 삶을 영위하던 원시시대에 남자는 사냥으로 먹을거리를 구했으며, 여자들은 식물·열매·견과류 등을 채집해서 먹을거리를 확보했다. 그리하여 남자들에게는 목표 지향적인 DNA가 유전되었다.

사냥감인 동물은 한곳에 머물러 있는 것이 아니라 계속해서 움직인다. 사냥하는 남자들은 움직이는 먹잇감 동물에서 눈을 떼지 않고 끝까지 따라다녀야 한다. 주변을 둘러볼 겨를도 없었다.

그와는 달리 여자들이 채집하는 식물이나 열매는 움직이지 않는다. 어느 곳에 먹을 만한 식물과 열매, 견과류 따위가 있는지 한 번만 찾아내면 지속적으로 그곳에 가서 먹을거리를 구할 수 있었다. 따라서 어느 목표보다 시야를 넓히고 먹을거리가 풍성해지는 시기를 잘 알아야 했다. 또한 식물이나 열매가 먹을 수 있는 것인지도 꼼꼼하게 살펴봐야 했다.

이러한 DNA는 오늘날의 우리에게도 전해졌다. 가령 부부가 함께 백화점이나 슈퍼에 쇼핑을 가면 남편은 자기가 사려는 것(목표)만 사면 그만이다. 하지만 아내는 매장 이곳저곳을 천천히 둘러보며 사려는 것 외에도 값이 싸면 온갖 것을 산다. 간단하게 쇼핑을 끝낸 남편은 아내의 태도가 못마땅하고 기다리기를 지루해한다. 그래서 남편들은 아내와 쇼핑을 함께 가려고 하지 않는다.

주택 구입과 같은 중대한 가정사에서도 남편은 직장과 가까운 곳을 원했다면 그 조건이 충족되면 그만이다. 그러나 아내는 주택의 입지 조건, 투자 가치, 주거 환경, 편의 시설, 주택의 하자 등 수많은 조건들을 꼼꼼히 따져서 만족스러울 때 결정을 내린다.

남편과 아내의 판단, 과연 누가 더 옳은가? 의견이 다를 때는 남편은 아내에게 양보하고 한 걸음 물러서서 그녀의 의견을 따르는 것이 결과적으로 옳을 때가 많다. 부부의 화목과 가정의 평화를 위해서도 남편이 아내에게 져주는 것이 훨씬 현명하다.

하지만 남편이 꼭 자기 의견을 반영하고 싶을 때는 "당신 계획대로 해. 다만 내 생각도 완전히 무시하지 말고 참고했으면 좋겠어." 하며 물러서는 것이다. 아내도 남편의 의견을 완전히 무시하는 것은 옳지 못하다. 진지하게 참고하고 가능하면 반영하는 것이 좋다. 원만한 부부 관계는 서로의 사랑과 존중에서 이루어지는 것이다.

궁지로 몰지 마라

부부 싸움은 부부의 힘겨루기나 기량 겨루기가 아니다. 그 핵심은 말다툼, 말싸움이다. 대부분 말다툼으로 시작해서 어느 쪽도 물러서지 않고 자기주장만 하다가 어정쩡하게 끝나는 경우가 많다.

하지만 말다툼이 확대되어 고성과 욕설과 폭언이 오가다가 자칫 남편이 폭력을 행사하기도 하고, 흥분과 충동이 지나쳐 흉기를 휘두르거나 가구를 부수고 집에 불을 지르기도 하는 것이 부부 싸움이다.

부부 싸움이 슬그머니 어물쩍 끝나지 않고 과격하고 극단적인 다툼으로 바뀌는 것은 서로 지지 않으려는 이기적인 욕심 때문이다. 부부가 아니라도 남자와 여자가 말다툼을 하면 대개 남자가 불리하다. 여자는 생리적으로 두뇌 회전이 빨라 남자보다 말을 잘한다.

남편이 말문이 막혀 궁지에 몰리면 욱하면서 기물을 집어던지거나 주먹을 휘두르게 되는 것이다. 아내 역시 아무리 말을 잘해도 자신에게 잘못이 있어 말문이 막히는 경우가 있다. 그러면 아내는 더욱 흥분하여 덤비거나 울음을 터뜨리고 "당신하고 더 이상 못 살겠어. 우리 당장 이혼해!"와 같은 극단적인 말을 내던진다.

이처럼 부부가 극단적으로 맞설 때, 또는 말문이 막히고 불리해지면 배우자를 궁지에 몰아넣기 위해 상대방의 치명적인 약점이나 콤플렉스, 감추고 싶은 비밀을 들추어 배우자의 기를 꺾고 제압하려고 한다.

이것은 부부 사이에 해서는 안 될 졸렬한 행위다. '쥐도 궁지에 몰리면 돌아서서 고양이를 문다'는 옛말처럼, 남자든 여자든 더 이상 피할 수 없는 궁지에 몰리면 흥분과 분노로 우발적인 행동, 극단적인 행동을 하기 쉽다. 그뿐만 아니라 그 지경에 이르면 부부 관계를 정상으로 회복하는 데 상당한 시일이 걸리기도 하고, 심한 경우는 아예 관계가 깨지기도 한다.

부부의 말다툼뿐 아니라 격하게 서로 맞서는 모든 대화에서 상대방의 약점을 들춰내고 궁지로 몰아넣으려고 하면 상대방의 감정을 자극하여 상황을 더욱 악화시킬 뿐이다. 또한 자신의 인격이나 교양을 스스로 깎아내리는 옹졸하고 비겁하고 야비한 짓이다.

부부의 대화가 말다툼으로 변질되더라도 다툼의 이유나 핵심이 있을 것이다. 다툼이 아무리 격렬해지더라도 핵심에서 벗어나지 말아야 한다. 그래야만 어떤 식으로든 끝맺음을 할 수 있다. 말다툼에서 불리하다고 말다툼의 이유와 전혀 관계없이 상대방을 자극하는 엉뚱한 얘기를 꺼낸다면 말다툼은 걷잡을 수 없이 확대된다.

더욱이 여자들은 남자보다 기억력이 좋다. 지난날의 시시콜콜한 것까지 오랫동안 기억한다. 평소에는 별일 없이 지나가지만 부부 싸움이 격화되면 남편에 대한 좋지 않은 기억까지 다시 꺼낸다. 이 역시 그렇게 해서 남편을 궁지로 몰려는 여자의 본성이다.

싸움에는 승부가 있지만 부부 싸움에는 승패가 있을 수 없다. 반드시 어떤 결과를 도출해야 하는 토론도 아니다. 그야말로 다툼이 심하더라도 대화일 뿐이다. 그런데 서로 이기려고 하기 때문에 격렬한 말싸움이 되는 것이다. 부부 싸움에서 이겨봤자 무슨 이득이 있겠는가.

'부부 싸움은 칼로 물 베기'라고 했듯이 서로 자신의 주장을 밝힘으로써 배우자가 어떤 생각을 가지고 있는지를 파악하고 되도록 배우자의 주장을 반영시키면 부부 싸움은 끝난다.

그러기 위해서는 부부가 다투면서 자신의 주장이나 의견을 밝히고, 배우자의 생각을 알았다면 적당히 끝내야 한다. 되도록 남자가 먼저 물러서야 하며, 다툼의 핵심에서 벗어나 화제를 바꾸는 것도 한 가지 방법이다.

"이봐, 싸움은 잠시 휴전하자. 배고파 죽겠어. 저녁은 먹어야지……."

"당신은 화를 낼 때 더 예뻐 보여."

"당신이 화가 나서 펄펄 뛰며 마구 설칠 때가 가장 섹시해."

그런 식으로 화제를 바꾸거나 우스갯소리 또는 배우자의 장점을 칭찬함으로써 상대를 웃게 하면 저절로 끝나는 것이 부부 싸움이다.

부부가 진정으로 서로 사랑한다면 부부 싸움은 결코 격렬해지거나 극단적으로 확대되지 않는다. 사랑한다는 것은 상대를 존중하는 것이기 때문이다. 말다툼을 하더라도 스킨십으로 사랑을 표현하면 다툼이 아니라 그냥 투정으로 끝나는 것이 부부 싸움이다.

부부 싸움이 예상과는 달리 극단적으로 확대되는 것은 대개 한 치의 양보도 없이 이기려고 하기 때문이다. 부부 싸움을 할 때는 배우자를 궁지로 몰아서는 안 된다. 기분이 상하고 감정이 격해지더라도, 또 상대방의 잘못이 분명하더라도 적당히 추궁하다가 상대방이 궁지에서 벗어날 수 있는 틈을 줘야 한다. 그것이 사랑하는 배우자에 대한 배려다.

배우자의 과거를 들추지 마라

과거는 지난날 삶의 흔적이자 행적이다. 좋은 추억이든 나쁜 기억이든 쉽게 잊히지 않는 것들이 있지만, 자신의 삶에서 이미 지나가버린 시간이 과거다. 과거를 되돌아볼 수는 있지만 과거에 얽매여서는 안 된다. 과거는 '엎질러진 물'이라고 할까? 이미 사라진 것들에 집착하는 것은 아무런 의미가 없다. 자칫하면 오히려 그 때문에 앞으로 나아가지 못한다.

부부는 어떤 인연에 의해 운명적으로 맺어진 관계다. 인연의 시작은 사랑이다. 남녀가 어떤 인연으로 만나 서로 사귀며 사랑을 확인하고 영원히 함께하기 위해서 결혼하는 것이다.

남녀가 서로 사귀고 연애하는 행위는 상대방을 탐색하는 과정이다. 제각기 다른 환경에서 성장했으며 다른 길을 걸어온 만남인지라 당연히 궁금한 것들이 많다. 사랑을 하면 할수록 궁금한 것들이 더욱 늘어난다.

처음에는 상대방의 성격·인간성·학력·직업·능력·장래성 등 현실적

것부터 살피지만 차츰 상대방의 가치관이나 인생관에도 관심을 갖고, 나아가 만남이 이어질수록 상대방의 가정환경·가족 관계·성장 과정 등에 호기심을 갖는다. 말하자면 사랑과 조건을 따져보며 서로 배우자로서 평생을 함께할 만한 이성인지 저울질하는 것이다.

그런데 이러한 탐색 과정에서 상대방의 과거에 집착하는 젊은이들이 있다. 특히 과거의 이성 경험에 몹시 관심을 갖는 것이다. 대개 상대방의 과거 이성 관계를 노골적으로 묻지는 않지만 은근히 유도 질문을 하거나 우회적으로 상대방의 이성관을 물어 과거 이성 관계를 알아보려고 한다.

그것은 인간의 본성과 관계가 있다. 이를테면 부부 사이에서 남편이 외도를 하면 아내는 그들의 성관계 여부보다 남편이 두 여자 가운데 어느 쪽을 더 사랑하는가에 관심을 갖는다. 남편이 아내인 자신을 더 사랑한다면 대부분의 아내는 외도를 용서한다.

그와 반대로 아내의 외도 사실을 알게 된 남편은 두 사람의 성관계 여부에 먼저 관심을 갖는다. 그들이 성관계가 있었다면 아내가 아무리 용서를 빌어도 대부분의 남편은 아내와 이혼할 생각을 한다. 인간의 본성 또는 본능에 따라 남자는 여자의 순결성을 중시하고, 여자는 남자가 과연 자신을 보호할 의지가 있는가를 중시하는 것이다.

물론 요즘 젊은 남녀는 반드시 그러한 전통적 관념 때문에 상대방의 과거 이성 관계에 관심을 갖는 것은 아니다. 하지만 남자는 자기가 사귀고 있는 여자가 과거에 이성 관계가 많았다면 이미 성경험도 있었을 것으로 판단하고 그것을 수용하고 결혼할 것인가를 고민하게 된다.

여자는 자기가 사랑하는 남자의 과거 애정 행각이 복잡했다면 결혼한 뒤에도 그러한 행각을 하지 않을까, 외도를 하지 않을까 우려하며 배우자로 선택하는 데 신중을 기한다. 결국 인간의 본성 또는 본능과 관련된 것이다.

성 개방 풍조로 말미암아 요즘 젊은 세대들 가운데는 성경험이 있는 젊은이들이 많은 것이 사실이다. 그뿐만 아니라 결혼 전에 동거 경험이 있는 남녀도 적지 않으며, 과거의 연인과 깨끗하게 청산하지 못하고 여전히 관계가 얽혀 있는 경우도 있다.

자신이 교제하고 있는 이성의 과거 이성 경험에 별 관심을 갖지 않고 현재 그들의 사랑과 조건을 중요하게 생각하는 남녀 젊은이들도 많다. 그들의 사랑에서 중요한 것은 과거가 아니라 미래이기 때문이다.

그러나 사랑하는 남녀가 서로 과거의 이성 경험에 관심을 갖는 경우를 생각하지 않을 수 없다. 보편적으로 여자보다 남자가 여자의 과거 이성 관계에 더 관심이 많다. 혹시 다른 남자도 사귀고 있는 양다리는 아닌지, 또 과거에 얼마나 많은 남성들과 사귀었는지 궁금해하고, 특히 여자의 과거 성경험에 민감하다.

여자는 서로 좋아하고 사랑해서 앞으로 배우자가 될 수도 있는 남자라면 성경험보다는 진실성에 관심이 크다. 자신만을 사랑하는지, 자신이 이 남자를 배타적으로 독점할 수 있는지가 무엇보다 중요하며 그 바탕 위에서 남자의 과거 이성 관계를 알고 싶어 한다.

그렇지만 과거의 이성 관계, 성경험은 선뜻 질문하기도 쑥스럽고 사실대로 대답하기도 거북하다. 따라서 흔히 이른바 '진실게임'이라는 것을 한다. 사귀고 있는 남녀가 사랑을 구실로 자신의 진실을 고백하는 것이다. 물론 그 전제는 어떠한 과거도 용서하고 수용한다는 것이며, 결혼해서 평생을 함께하려면 서로 숨기는 것이 없어야 한다는 것이다.

일반적으로 남자가 먼저 자신의 이성 경험을 고백하는데, 성경험까지 털어놓아도 앞에서 설명했듯이 여자는 심경의 변화를 일으킬 만큼 큰 영향을 받지 않는다. 이어서 여자가 자신의 진실을 고백하면서 여러 남자들과 깊이 사귀었다거나 성경험이 있었다면 남자는 심적으로 무척 민감해진다.

겉으로는 진실을 얘기해줘서 고맙다며 여자에게 허물이 될 만한 것들을 모두 수용하겠다며 서로의 진실을 알게 되어 더욱 사랑한다고 말하지만 남자는 자기가 사랑하는 여자의 과거 이성 관계나 성경험을 기억해둔다. 아니, 기억한다기보다 머릿속에서 지워지지 않는 것이다. 이후 서로 사랑을 더해가며 드디어 결혼할 때까지도 여자의 과거를 문제 삼지 않는다. 그렇다고 해서 자기 아내가 된 여자의 과거 이성 관계나 성경험을 잊고 있는 것은 아니다.

젊은 부부의 밀월 기간이 지나고 권태기가 오거나 부부 사이에 갈등이 생기면, 남편은 때로는 비아냥거리듯 때로는 진지하게 아내의 과거를 트집 잡는다. 또는 자신이 외도하는 구실로 내세우기도 한다. 그리하여 부부 불화가 점점 깊어지고 서로 화해할 수 없는 지경에 이르기도 하는 것이다.

앞서 얘기했지만 과거는 이미 지나간 일이다. 과거는 어디까지나 과거일 뿐이다. 서로 사랑하는 사이에서 더욱 신뢰를 두텁게 하기 위해 과거의 이성 경험을 솔직하게 고백하지만 이는 잘못된 판단이다.

남자가 진실게임을 제안하고 진실한 고백을 강요한다면 여자는 차라리 거짓말을 하더라도 자신의 과거 성경험 등은 털어놓지 않는 것이 좋다. 남녀가 어떤 인연으로 만나서 서로 사귀며 사랑하게 되고 결혼까지 생각한다면, 그들의 지금 그리고 미래가 중요한 것이다. 과거는 결코 되돌릴 수 없는 것이다.

남자도 여자의 과거 이성 관계나 성경험을 알아서 무엇을 어쩌자는 건가. 서로 사랑하면 그들의 현재와 미래가 중요한 것 아닌가? 여자의 과거를 알려고 하지 마라. 과거를 캐묻지 마라. 오늘 이 순간 그녀를 사랑한다면 그 사랑 자체에 충실하는 것이 최선이다.

배우자의 부모에 대해서는 신중하라

남녀가 결혼하면 새로운 가족 관계가 형성된다. 남편에게는 아내의 친정인 처가가 생기고, 아내에게는 남편의 가족들인 시댁이 생긴다. 그와 함께 남편에게는 장인과 장모라는 또 하나의 부모가 생기고, 아내는 시아버지와 시어머니라는 또 하나의 부모가 생긴다. 이들 양가 부모에게는 며느리와 사위가 생기는 것이다.

굳이 설명할 필요가 없는 것이 결혼과 동시에 당연히 형성되는 새로운 가족 관계다. 그런데 부부가 갈등하고 대립하며 불화하는 데 양가의 부모 문제가 결정적인 계기가 되는 경우가 아주 많다.

지난날 남성 위주의 가부장 시대에는 여자는 결혼하면 당연히 시댁의 구성원이 되고, 시댁으로 들어가 며느리로서 시부모를 모시고 살았다. 남성 우월 사회여서 남편의 부모는 친정 부모보다 훨씬 더 깍듯하게 모셔야 할 지존이었다.

또한 며느리는 시부모뿐 아니라 시동생, 시누이 등 시댁의 가족들을 모두 자기보다 높은 서열에 놓고 떠받들어야 했다. 나이가 자기보다 훨씬 어려도 함부로 반말을 하지 못했다. 시동생들은 도련님, 시누이들은 아가씨로 높여 불렀다. 못된 시어머니의 횡포뿐 아니라 시누이들의 위세에도 반발하지 못하고 억눌려 살았다.

그 때문에 쌓인 한이나 억울함을 하소연할 곳도 없었다. 친정에서는 딸이 결혼하면 '출가외인'이라고 해서 가족에서 제외시키고 자세를 낮추고 무조건 시댁의 환경과 풍습에 적응하라고 타일렀다.

어쩌다 시댁에서 소박맞고 갈 곳이 없어 친정을 찾아와도 대문조차 열어주지 않는 경우도 많았다. 일방적으로 시댁이 우위에 있으니 순종하고 복종하며 살아야 하는 것이 여자의 숙명이었다. 부부간의 갈등이나 대립, 시댁에 반발하는 행위는 있을 수 없었다.

그러나 지금은 환경이 크게 달라졌다. 남녀가 평등한 시대다. 더 이상 남자의 우월한 위치가 보장되지 않는 시대다. 지난날에는 여자가 결혼하는 것을 '시집간다'고 했지만 지금은 결혼하면 남녀가 부모로부터 독립해서 새로운 가족을 구성하는 시대다. 결혼하면서 그들만의 새로운 가정은 오히려 여자가 주도권을 갖는 시대다.

양가의 부모와 관련해서 빚어지는 부부의 갈등과 대립은 이러한 시대 변화에 그 원인이 있다. 남녀평등으로 남성과 견주어 상대적으로 지위가 크게 신장된 여성들, 특히 젊은 여성들은 당당하고 자존감이 강한 것이 특징이다.

저출산 시대, 자녀가 많아야 아들딸 둘이거나 외동딸 또는 딸만 둘인 가정에서 부모로부터 온갖 지원을 받으며 귀하게 성장한 요즘 젊은 여성들은 대부분 고학력에 직장생활이나 사회 활동을 했기 때문에 또래의 남성들과 비교해서 뒤질 것이 없다는 자존감과 자신감이 무척 강하다.

하지만 아직까지 법적으로 아내는 남편의 가족, 즉 시댁 가족으로 편입되는 구성원이다. 자녀를 낳더라도 남편의 성姓을 따르고 시댁의 호적에 오른다. 시댁이 친정보다 우위에 있는 것이다.

젊은 여성들은 결혼하면서 이처럼 아직 완전히 사라지지 않은 전통적인 관습과 마찰을 일으키게 된다. 물론 요즘 시부모들은 아들이 부모곁을 떠나 독립하는 것을 수용하고 며느리에게도 되도록 간섭을 하지 않으려고 한다.

그러면서도 전통적인 관습에 젖은 시어머니는 은근히 며느리 위에 군림하며 자기 뜻대로 다스리고 싶어한다. 그 때문에 시어머니와 며느리 사이에 대립과 충돌이 빚어진다. 더구나 결혼한 여자는 거의 본능적으로 시부모와 시댁 식구들에게 거부반응이 있어서 이유 없이 싫어하기 마련이다.

심지어 젊은 기혼 여성은 자신을 낳고 길러준 친정 부모가 진짜 부모라고 생각하고, 시부모는 부모 아닌 부모, 즉 친부모가 아닌 귀찮은 존재로 여기는 경우가 많다. 또한 시부모의 간섭을 몹시 싫어한다. 따라서 시부모와 의도적으로 거리를 두려고 한다. 흔히 하는 말에 친정은 차타고 20분 거리, 시댁은 적어도 2시간 거리에 있어야 좋다고 한다.

실제로 있었던 일이다. 아들이 결혼해서 따로 사는데 몇 달이 지나도 며느리에게서 안부를 묻는 전화 한 통이 없었다. 몹시 화가 난 어머니가 며느리한테 직접 말을 못하고 아들에게 전화를 걸어 어떻게 그처럼 며느리가 시부모에게 무관심할 수 있냐고 나무랐다.

객관적으로 생각해봐도 아내가 좀 지나쳤다고 생각한 아들이 그날 저녁 언짢은 표정으로 아내에게 어머니의 말을 전했다.

"너무한 거 아냐? 가끔 우리 어머니한테 안부 전화라도 해."

그러자 아내가 발끈하며 하는 말이 가관이었다.

"어머, 정말 어처구니가 없네. 아니, 당신들은 당신들대로 살고 우리는 우리대로 살면 되는 거 아냐? 왜 꼭 안부 전화를 걸어야 해?"

물론 일부겠지만 이런 사고방식을 가진 젊은 기혼 여성들이 많다.

이른바 '시월드'라는 시댁과 며느리 사이가 원만하지 못하면 고달픈 사람은 중간에 낀 남편(아들)이다. 자신의 친부모와 아내 사이에서 어느 편도 들지 못하는 정신적 고통에 시달린다. 또한 그것들이 스트레스가 되어 가슴을 짓누르다가 아내에게 폭력을 행사하기도 한다. 양가 부모 문제로 부부 사이에 불화가 생기는 것이다. 이러한 갈등과 불화는 쉽게 회복되지 않는다.

부부간에 양가의 부모 문제로 갈등하지 않으려면 먼저 대화할 때 부모들의 문제에 신중해야 한다. 특히 아내의 긍정적인 노력이 필요하다. 대부분의 경우에 남편의 처가에 대한 불만보다 아내의 시댁에 대한 불평불만이 더 크기 때문이다.

다시 말하지만 여자(아내)는 거의 본능적으로 시댁에 대한 부정적 인식과 거부반응을 나타낸다. 그뿐만 아니라 요즘 젊은 기혼 여성들은 이기주의와 개인주의 그리고 자존감, 자기 정체성이 무척 강하다. 그 때문에 시댁과 관련해서는 그냥 넘어갈 수 있는 사소한 불만도 참지 못하는 경우도 많다.

남편은 이런 아내의 태도에 마음이 몹시 불편하다. 변명을 하면 아내가 더욱 기승을 부리고, 그 때문에 화를 내면 자칫 큰 부부 싸움이 될 뿐 아니라 그것이 이혼의 계기가 되는 경우도 있다.

반대로 남편이 처가와 처가 식구들에 대해 불평을 하면 아내는 필사적으로 친정을 옹호하고 나선다. 아울러 시댁의 여러 행태를 지적하며 더욱 강하게 비난한다. 결국 양가 부모나 가족 문제를 놓고 부부가 서로 지지 않으려고 큰 다툼을 벌이고 부부 사이에 갈등이 쌓여간다.

부부의 화목을 위해서는 무엇보다 양가 부모를 똑같이 존중하고 배려하는 긍정적 태도를 갖는 것이 중요하다. 부부의 대화에서도 양가에 대한 비난보다 배우자의 부모나 가족을 더 배려한다면 불만이 있을 수 없다.

요즘 대부분의 젊은 부부들은 독립된 생활을 하고 있다. 양가 부모와 부딪치고 간섭을 받을 일이 많지 않다. 마음속으로는 내키지 않더라도 서로 배우자의 부모나 가족을 존중하고 적극적으로 배려하면서 차츰 그 진정성을 보이면 부부는 화목할 수 있다.

이념 대립이나 종교 대립을 피하라

"**누**가 사랑을 아름답다 했는가."

조용필이 부른 〈창밖의 여자〉에 이런 가사가 있다. 과연 사랑은 아름다운 걸까? 사랑은 영원할까? 결혼은 남녀의 사랑으로 이루어진다. 우리보다 앞서 살았던 세계적으로 널리 알려진 선현들 가운데, 결혼은 인류가 만들어낸 가장 비합리적이고 끔찍한 제도라고 독설을 퍼부은 사람들도 많다.

그 때문인지 요즘 결혼하지 않고 혼자 살겠다는 비혼주의자들이 크게 늘어나고 있다. 혼자 사는 1인 가구가 500만이 넘어서 2인 가구보다 그 비율이 더 높다고 한다. 결혼을 하더라도 평균 30세가 넘어서는 만혼 현상이 팽배하다.

늦게 결혼하더라도 아직은 비혼주의자들보다 결혼하는 젊은 남녀가 더 많은 것이 사실이다. 결혼은 남녀의 사랑을 전제로 이루어진다. 하지만 오늘날의 결혼은 반드시 사랑만으로 이루어지는 것은 아니다. 갖가지 '조건'들이 뒤따르는 것이 현실이다. 자칫 결혼이 하나의 흥정과 거래의 대상이 되어가는 것은 아닌지 걱정스럽다.

그러나 남녀가 서로 만나 사귀게 되면 어김없이 먼저 사랑을 내세운다. 당연히 사랑이 우선이겠지만 남자에게는 성적 욕구의 해소가 앞설 수 있으며, 여자는 무턱대고 남자를 사랑하면서 자신의 장래를 맡기는 것이 아니라 갖가지 조건들을 꼼꼼히 따져본다.

어찌 되었든 남녀가 뜻이 맞아 결혼을 하면 보편적으로 몇 년 동안은 부부 관계가 비교적 순조롭고 원만하다. 그러나 몇 년이 지나면 갖가지 변화가 생긴다. 남녀가 함께 살면서 이성에 대한 호기심이 넘치고, 달콤하고 짜릿한 성생활이 일상이 돼버리면서 권태기가 오는 것이다.

또한 부부 사이에 아이가 생기면 아내는 남편보다 아이에게 더 큰 관심을 갖는다. 인류학자들은 이 시기에 이혼하는 사례가 가장 많다고 한다. 부부 사이의 사랑도 시들해지고 남자는 그동안 충분한 성적 욕구의 해소로 섹스에 대한 흥미도 떨어진다. 그런가 하면 결혼과 함께 기대했던 갖가지 조건들이 어긋나거나 그것이 실속 없고 거짓임이 드러나기도 한다. 그에 따라 그동안 사랑이라는 미명하에 감춰졌던 문제들이 불거지며 갈등과 불만이 노골적으로 드러나고, 그 정도가 심하면 마침내 이혼까지 가게 되는 것이다.

사랑 그리고 성性의 필요성이 앞서서 결혼할 무렵에는 크게 심사숙고하지 않았던 문제들이나 내재돼 있던 불만 가운데 이념적인 차이와 종교적 차이가 있다. 결혼할 당시에는 대수롭지 않게 생각하거나 서로 합의를 통해 해결할 수 있다고 가볍게 생각했던 것들이 뜻밖에도 부부 갈등과 불화의 큰 요인으로 작용할 수 있는 것이다.

우리 사회의 갈등 가운데 노사 갈등과 이념 갈등이 가장 큰 이슈가 된 지 이미 오래다. 이를테면 남편과 아내가 서로 다른 정치 이념을 옹호한다면 갈등이 커진다. 이와 같은 부부의 이념 차이는 타협하기가 무척 어렵다. 아니, 타협이 거의 불가능하다. 아무리 부부라도 서로 옹호하는 이념이 다르면 평행선을 달릴 뿐이다.

부부가 가정에서 이념 문제로 다투기 시작하면 끝도 없고 결론도 없다. 오직 그러한 대립이 반복될 뿐이다. 그 때문에 부부의 갈등과 불화가 갈수록 깊어진다. 이념 문제로 부부가 대립하면 이념뿐 아니라 다른 갈등까지 끼어든다. 마치 당뇨병이 당뇨 그 자체보다 합병증이 더 심각하듯이 부부 사이의 온갖 갈등들이 봇물처럼 터져 나오는 것이다.

종교 문제도 마찬가지다. 부부가 신봉하는 종교가 서로 다를 수 있다. 모든 국민이 종교를 가지고 있는 것은 아니지만 우리나라는 종교의 자유가 보장된 나라다. 각 종교의 교단이 내세우는 자신들 종교의 신도 수를 모두 합치면 우리나라 인구보다 많다고 한다.

종교마다 신도 수를 과장해서 그런 현상이 빚어졌겠지만 많은 국민들이 종교를 가지고 있는 것이 사실이다. 따라서 우연히 만나 서로 사랑하게 된 남녀가 신봉하는 종교는 얼마든지 다를 수 있다.

연애를 하면서 사랑을 키워 결혼을 약속할 무렵에는 서로 다른 종교 문제를 그다지 심각하게 생각하지 않는다. 제각기 결혼하면 배우자를 자기가 신봉하는 종교로 개종시키겠다고 은근히 자신하거나 서로 다른 신앙생활을 하더라도 부부 사이에 큰 문제 될 것은 없다고 가볍게 생각한다.

하지만 결혼한 뒤에 펼쳐진 현실은 생각과 다른 경우가 많다. 서로 자기가 믿는 종교로 개종시키려고 노력하지만 쉬운 일이 아니다. 집안이 대를 이어 어느 특정 종교를 신봉해 모태 신앙을 가진 배우자를 설득하는 것은 무모한 행동이며 억지로 개종을 강요하는 것은 더욱 큰 문제를 일으킬 수 있다.

어느 한쪽이 개종해서 같은 종교를 갖게 되면 다행이지만 그렇지 못한 경우에는 무척 불편하다. 신앙생활을 하는 방식이나 시간이 서로 달라 혼란스러울 뿐 아니라 예컨대 집안에 십자가와 부처를 함께 모셔놓는 것도 무척 거북한 일이다.

더구나 양가의 부모가 며느리와 사위에게 서로 자신들이 신봉하는 종교로 개종할 것을 강요한다면 견디기 어렵다. 또한 배우자가 독실한 신자여서 종교 활동에 많은 시간을 소비한다면 부부가 함께하는 시간이 적어서 가정도 안정되지 못하고 부부 갈등을 피하기 어렵다.

이처럼 부부의 이념 대립이나 종교의 차이는 여간해서 극복하기 어렵고 타협점을 찾기 힘들다. 따라서 결혼하기 전에 서로의 이념 차이는 어떻게 할 것인지, 종교 차이는 어떻게 극복할 것인지 시간이 걸리더라도 서로 합의점을 찾는 것이 좋다. 그렇지 않으면 결혼한 뒤에 예외 없이 부부 갈등의 요소로 작용한다.

만일 합의 없이 결혼했다면 이념과 종교적인 차이를 서로 인정하고 수용해야 한다. 그런 환경과 여건에서 부부가 화목하려면 각자의 이념과 종교 차이를 수용하되, 가정에서만큼은 일체 이념과 종교에 대한 대화를 하지 않기로 약속하는 것이다. 그것은 서로 배우자에게 이기려는 것이 아니라 져주는 것이기도 하다.

가정에서는 사랑과 성性 문제, 가정 경제의 여러 현실적 문제, 가정에서의 가사 분담, 직장과 관련된 문제, 자녀 양육 문제 등 부부 생활과 직접적인 관련이 있는 가정 문제나 현실적인 문제들에 대해서만 대화를 하는 것이다.

다시 말하면 이념과 종교를 떠나 부부로서, 순수한 남자와 여자로서 대화를 하는 것이다. 또 한 가지 방법은 이념이나 종교와 관계없는 부부 공통의 취미를 만들거나 함께 문화생활에 많은 시간을 할애하고 그와 관련된 대화를 하는 것이다. 그럼으로써 부부의 사랑도 더욱 깊어질 수 있다.

연상녀 부부, 특별한 대화법이 필요하다

연상녀, 연하남 부부가 갈수록 늘어나고 있다. 통계청의 자료에 따르면 이미 몇 년 전에 결혼하는 전체 커플의 15%를 넘어섰다. 한 해에 약 30만 쌍이 결혼하는데 연상녀 커플이 약 4만 쌍에 달한다.

서로 사랑해서 결혼하는데 나이가 무슨 문제냐, 사랑한다면 어머니와 아들뻘이라도 결혼할 수 있는 것 아니냐, 연상녀가 문제 될 것은 아무것도 없다고 생각할 수 있겠지만 반드시 그런 것은 아니다. 연상녀, 연하남 커플의 증가는 사회현상과 관계가 있기 때문이다.

이를테면 남녀평등에서 오는 여성의 지위 향상, 남성의 중성화 또는 여성화, 만혼 풍조 등이 연상녀, 연하남 커플이 늘어나는 데 큰 영향을 미친다.

여권신장으로 지위가 크게 향상된 요즘 젊은 미혼 여성들 중에는 고등교육을 받고 직장생활과 사회 활동을 하면서 경제력을 갖춘 여성들이 많다. 흔히 '골든 걸'이라고 하는 전문직, 고소득 여성들도 크게 늘어나고 있다. 이른바 '스펙'에서 남자들에게 조금도 뒤지지 않는 것이다.

따라서 그들은 배우자를 선택할 때 기대치가 높을 수밖에 없다. 자신의 눈높이에 맞는 배우자 선택이 쉽지 않은 것이다. 거기다가 만혼 풍조로 결혼 적령기를 넘겨도 결혼을 서두르지 않는다. 그러는 사이에 30대 중반을 넘어서는 경우가 허다하다.

상대적으로 요즘의 젊은 남성들은 성장 과정에서 어머니의 과잉보호를 받아 자존감이 떨어지고 의존심이 높아졌다. 초중고 각급 학교에서도 여교사의 비율이 압도적으로 우세하여, 여성적인 사고방식과 말씨 등의 영향을 받으면서 중성화 또는 여성화되는 현상을 보이고 있다.

더욱이 여성의 지위 향상은 상대적으로 남성들을 위축시켰다. 자존감이나 자기 정체성이 부족한 상황에서 어머니와 여교사와 같이 자기보다 나이가 많은 여성들의 지배적인 영향을 받으면서 의존심이 더욱 높아진 것이다.

그뿐만 아니라 취업난이 심각해서 일자리를 구하지 못하고 몇 년씩 허송세월을 하는가 하면 군복무를 마쳐야 한다. 젊은 남성들은 평균적으로 20대 후반에 직장생활을 시작해도 남들보다 늦은 것이 아니다. 부지런히 저축해서 자신의 능력으로 내 집을 마련하려면 적어도 10년 이상 걸린다.

결혼 비용도 평균적으로 1억 원이 필요하다. 직장생활의 월급만으로는 내 집 마련, 결혼은 꿈조차 꾸기 어렵다. 결혼을 안 하겠다는 젊은 남성들도 많지만 대부분 안 하는 것이 아니라 못하는 것이다. 말하자면 이성을 사귀고 결혼할 의사는 있지만 그럴 경제적 능력이 없어서 자포자기 상태에 빠져 있는 것이다.

미혼 여성이 30대 후반이 되면 결혼하기가 한층 더 힘들어진다. 결혼은 남자가 여자보다 2~3세 많거나 동갑내기가 관행이었다. 그러한 관습에 따라 30대의 미혼 여성이 자신의 눈높이에 맞는 배우자를 구하기 어려운 것이다.

그 나이에 능력과 경제력을 갖춘 남자라면 이미 결혼했거나 결혼할 상대가 있다. 자신의 높은 기대치에 맞는 배우자를 구할 확률이 크게 떨어질 수밖에 없다. 그리하여 자기보다 나이가 어린 남자라도 결혼 상대로 관심을 갖게 된다. 남자가 자기보다 어리면 가정과 부부간의 주도권을 자신이 갖는 것은 물론, 나이 어린 남편을 지배할 수 있다는 생각으로 연하남 선택을 스스로 합리화하기도 한다.

한편, 젊은 미혼 남성들은 취업을 했더라도 경제력이 크게 부족할 뿐 아니라 자포자기 상태에서 의존심이 체질화된 터라 도움을 받을 수 있는 경제력을 갖춘 여성, 엄마나 누이처럼 자신을 보살펴줄 수 있는 연상의 여성에게 관심을 갖는다. 말하자면 연상녀와 연하남의 현실적인 결혼 조건들이 맞아떨어진 것이 연상녀, 연하남 커플의 증가 요인으로 볼 수 있다.

젊은 미혼 남성들에게 능력 있는 여성, 자신을 감싸주고 보호해줄 수 있는 여성은 대부분 연상녀다. 그들 미혼 남성들은 연상녀, 재혼녀를 가리지 않고 나이 차가 많거나 적거나 별로 따지지 않는다.

물론 많은 나이 차를 사랑으로 극복하고 결혼하는 연상녀, 연하남 커플들도 있으며, 화목하고 행복하게 원만한 결혼 생활을 영위하고 있는 연상녀 부부들도 많다. 그러나 전통적인 관행과 관습에서 벗어난 이들 부부에게 적지 않은 문제들이 있는 것도 사실이다.

필자가 알고 지내는 대학 동문인 40대 여성이 있다. 그녀는 첫 결혼에 실패하고 딸과 함께 살았는데 어쩌다가 20대 후반의 젊은 남성과 재혼했다. 나이 차가 거의 스무 살 가까운 연상녀, 연하남 커플이었다.

가끔 대학 선후배 동문끼리 어울려 술을 마실 때면 쉴 새 없이 집에 전화를 걸었다. 사람 만나기를 좋아하고 술을 좋아하는 그녀는 늦은 밤이 되어도 자리에서 일어서지 못하고 집에 있는 딸과 어린 남편에게 전화를 하는 것이었다.

우리가 귀가를 권유해도 끝까지 버티면서 나이 차가 많이 나는 연상녀, 연하남 커플의 애로사항을 솔직히 털어놓았다. 집에 자주 전화하는 것은 자기가 집에 없는 사이 20대의 남편이 性성을 아는 고등학교 2학년 딸과 혹시라도 성적 행동을 할까봐 불안하기 때문이라고 했다.

나이 차가 큰 연하남과 부부 생활을 하면서 장점은 성적 만족감 외에는 없다고도 했다. 가장 힘든 것이 세대차에서 오는 인생관, 가치관이나 생활방식 등이 너무 다르고 공통 관심사가 적어 대화와 소통이 힘든 것이라고 했다.

친구들과 만나는 부부 동반 모임에는 아예 안 나간다고 했다. 친구들이 모두 40대 중반인지라 남편들도 40대 후반이나 50대의 기성세대들인데, 자기 남편은 20대의 젊은 신세대니까 관심사가 너무 달라 도무지 대화가 안 된다는 것이다.

그와 반대로, 남편의 친구들 모임에는 대개 연인을 데리고 오거나 결혼한 친구도 여자가 20대인데 40대인 자기가 참석하면 대화도 안 되고 분위기가 경직된다고 했다. 그도 그럴 것이 거의 엄마나 큰누나뻘인 40대 중반의 여성이 있는데 20대들이 자유롭게 무슨 얘기를 하겠는가?

친구들이 "야, 넌 젊은 남자애하고 살아서 좋겠구나." 하며 부러운 척도 하지만 나이 차가 큰 연상녀, 연하남 커플은 결코 바람직하지 않다고 했다. 장점보다 단점이 훨씬 더 많다는 것이다.

물론 그녀의 예는 극단적인 경우다. 연상녀라도 남자보다 서너 살 위거나 많아야 대여섯 살 정도가 대부분이다. 어찌 보면 걱정할 것이 없다. 옛날에도 아내가 연상인 경우가 적지 않았다. 그 정도의 차이는 부부가 서로 나이를 잊고 남편과 아내로서의 역할을 해나가면 무난하고 원만한 가정을 꾸려나갈 수 있을 것이다.

하지만 여자는 성장 과정에서부터 남자보다 사춘기도 빠르고 일찍 성숙해지고 어른스러워진다. 요즘은 여자아이들에게 성조숙증도 나타나기도 한다. 20대의 여성이 동갑내기와 연애하면 남자가 동생같이 느껴진다. 그리하여 결혼의 관행과 관습이 남자가 여자보다 평균 두세 살 많은 것을 이상적으로 여겼는지 모른다. 그러니 연상녀라면 사고방식이나 행동 등에 큰 차이가 있을 수밖에 없다.

연상녀, 연하남 커플은 당연하게 여자가 주도권을 갖는다. 가정 관리, 경제 문제, 생활방식 등을 모두 연상녀가 장악하고 어린 남편을 지배한다. 연상녀가 경제력이 있고 어린 남편이 경제력도 부족하고 의존심이 크면 더욱 그렇다. 성생활만 빼면 나이 차가 클수록 연상녀는 남동생이나 다 큰 아들을 데리고 사는 것과 다름없으며 연상녀 스스로 그런 잠재된 의식을 갖는다.

연상녀, 연하남 커플의 가장 큰 문제점은 대화와 소통이 원만하지 못하다는 것이다. 우선 서로의 호칭부터 거북하다. 요즘 일반적으로 아내는 남편을 '자기야', '오빠'라고 부르고 남편은 아내의 이름을 부르거나 '숙아', '희야' 하며 이름의 끝 자를 부르기도 하고, 그냥 '야, 너' 하고 부르는 경우가 흔하다. 대화는 거의 서로 반말을 한다.

그런데 아내가 연상녀라면 어린 남편이 함부로 이름을 부르거나 '야'라고 할 수도 없다. 대화에서도 연상의 아내에게 반말하기도 쉽지 않다. 거북하기는 연상녀도 마찬가지다. 남편이 나이가 어리다고 해서 남동생이나 아들처럼 편하게 이름을 부를 수도 없다.

'여보, 당신'은 쑥스럽고 그냥 '나좀 봐', '이것 봐' 하는 경우가 많다. 요즘 연상녀가 크게 늘어나니까 보편화된 것이 어린 남편의 이름과 존칭을 함께 사용하는 것이다. 이를테면 '영철 씨', '찬호 씨' 하고 부르는 것이다. 이러한 거북스런 호칭은 함께 살아가면서 마땅하든 마땅치 않든 자기들 나름대로 어느 정도 정리가 되고 굳어진다.

문제는 대화와 소통이다. 연상의 아내는 어린 남편에게 위세를 부리고 군림하고 지배하려고 하면 안 된다. 어린 남편은 남편의 권위를 내세우며 연상의 아내를 제압하려고 하면 안 된다. 그런 태도로는 부부간의 대화도 소통도 원만하게 이루어지기 어렵다.

연상녀 부부의 화목과 평화는 연상녀에게 달려 있다. 어린 남편에게 일방적인 명령과 지시를 내리거나 질책과 추궁으로 구속감을 주면 안 된다. 그럴수록 어린 남편은 자기가 지배할 수 있는 어린 여자와 외도하려고 할 것이다.

부부 관계가 원만하려면 연상녀는 연하의 남편에게 아내라기보다 차라리 철저하게 엄마나 누이가 되는 것이 낫다. 어린 남편을 아들이나 동생처럼 다스리고 훈육하라는 것이 아니다. 나이가 한참 어리더라도 남편을 존중하며 항상 그의 의견을 듣고 참고해야 한다는 뜻이다.

또한 절대적으로 '따뜻함'이 있어야 한다. 어린 남편을 감싸주고 보살펴주고 위로하고 격려하고 칭찬함으로써 편안한 마음으로 의지하게 하는 것이다. 그것이 내조다. 어린 남편이 아내의 내조에 고마움을 느낄 때 대화와 소통은 자연스럽게 이루어진다.

일본은 우리나라보다 연상녀, 연하남 커플이 훨씬 더 많다. 미국 메이저리그에서 활약하고 있는 일본 야구선수 스즈키 이치로의 아내 후쿠시마 유미코는 아나운서 출신으로 이치로보다 여덟 살이나 많다.

일본의 연상녀 커플들이 일반적으로 원만한 결혼 생활을 이어가고 있는 것은 나이와 관계없이 남편을 존중하며 내조에 최선을 다하는 일본 여성들의 전통적인 관습 때문이다. 연상녀는 자신을 낮추고 겸손해야 연하남과의 결혼 생활을 만족스럽게 영위해 나갈 수 있다.

요즘 대부분의 젊은 부부는 서로 반말을 한다. 남녀가 평등한 까닭도 있지만 유치원부터 각급 학교가 남녀공학이어서 같은 학년의 또래들끼리는 남녀의 구별 없이 서로 자연스럽게 반말을 하던 것이 습관이 된 것이다. 그러니 동갑내기 부부나 두세 살 나이 차가 나는 부부는 자연스럽게 서로 반말을 한다.

연상녀, 연하남 부부의 경우, 나이가 위인 아내는 당연히 연하의 남편에게 반말을 하고, 연하남은 남자라는 이유로 연상의 아내에게 반말을 한다. 다만 그들은 앞에서 설명했듯이 서로의 호칭에서 불편을 겪는다.

부부 사이의 반말은 서로의 친근감과 동질감을 높여주고, 애정과 애교가 담겨 있어 따뜻하고 부드러운 느낌을 준다.

그러나 부부의 반말은 의도적이든 아니든 배우자를 만만하게 여기고 어려워하지 않는 심리가 담겨 있다. 바꿔 말하면 배우자에 대한 존중이 약한 것이다. 또한 은근히 배우자에게 압박감을 주고 무의식적으로 지배하고 군림하려는 우월적 심리가 담겨 있다.

사람들이 서로 시비가 생겨 심하게 다투거나 싸울 때 흔히 반말을 하는 것은 반말이 속도감이 있어서 전달이 빠르고 설득력이 강하기 때문이다. 그와 함께 반말은 자신의 존재감을 강화시켜주고 강한 인상으로 상대방을 겁박하거나 윽박지르고 제압하는 데 유리하다.

이러한 반말의 특성은 부부 싸움에서도 예외가 아니다. 부부가 서로 언성을 높여 반말로 싸우면 자신의 주장을 강조하고 배우자를 제압하려는 의도가 드러나게 된다. 배우자를 만만하게 보고 은근히 얕잡아 보는 심리가 담겨 있어 배우자에 대한 존중과 배려가 희박해지고, 쉽게 물러서지 않으려는 심리가 작용해서 양보와 타협에 인색하다.

다시 말하면 부부 싸움은 '져주는 대화'여야 하는데 반말로 싸우면 져주기보다 배우자에게 이기려는 의도가 강화돼 좀처럼 물러서기 어렵게 한다. 그리하여 결과적으로 부부의 갈등과 대립, 나아가서 부부 불화를 심화시킬 수 있는 것이 부부의 반말이다.

부부가 서로 존중해야 함은 새삼 설명할 필요가 없다. 사랑은 서로 존중하는 것이다. 과거 남성 중심의 가부장 시대에도 부부는 서로 존중했다. 실생활에서 부부는 존댓말을 썼다.

아내는 당연히 남편에게 최상의 존댓말을 썼고, 남편은 아내에게 반^半존댓말을 했다. 아내가 남편에게 "일찍 돌아오셨습니다." 하며 정중하게 인사하면 남편은 아내에게 "부인, 집에 별일 없었소?" 하며 서로 존댓말을 했다. 아내에게는 '부인'이라는 높임말을 썼다. 임금조차 왕비가 아무리 나이가 어리더라도 적당히 존댓말을 했다.

존댓말은 상대를 존중하고 서로의 품위를 지키며 차분하고 부드러운 분위기를 만들어준다. 그러니 젊은 부부들이 의식적, 의도적으로라도 서로 존댓말을 사용하면 부부 관계에 큰 도움이 될 것이다. 물론 처음에는 무척 어색하고 쑥스럽고 오히려 거리감이 느껴지겠지만 부부가 의지를 가지고 의식적으로 존댓말을 쓰다 보면 익숙해질 것이다.

　'야', '너', '자기' 따위의 호칭이나 전혀 타당성이 없는 '오빠'와 같은 호칭보다 '여보', '당신'이라는 호칭을 쓰면 배우자를 만만하게 얕잡아 보는 습성이 차츰 사라질 것이다. 부부 싸움을 하더라도 존댓말을 하며 다퉈 보라.

　격한 감정이 상당히 완화되고 자기주장이나 고집이 약화돼 양보와 타협이 쉽게 이루어지는 '져주는 대화'가 될 확률이 크게 높아진다. 존댓말에는 상대에 대한 존중이 담겨 있기 때문이다. 부부 사이에 반말을 하고 싶다면 침대에서 사용하라. 잠자리에서만큼은 반말이 훨씬 친근감이 있다.

타인의 마음을 얻는 방법

타인의 마음을 이해하는 데는 요령이 있다. 누구를 대하든 자신이 아랫사람이 되는 것이다. 그러면 저절로 자세가 겸손해지고, 그로써 상대방에게 좋은 인상을 남겨준다. 그리고 상대방은 마음을 연다.

— 요한 볼프강 괴테

Part 6

미혼 남녀의
대화

요즘 젊은 세대들은 유치원에서부터 대학에 이르기까지 거의 모든 교육과정을 남녀공학으로 마쳤다. 따라서 남녀 관계를 떠나 서로 허물없이 지내는 이성 친구들이 많다. 젊은 세대들이 말하는 '남사친', '여사친'이 많다는 얘기다. '남사친'은 남자사람친구, '여사친'은 여자사람친구의 줄임말이다. 서로 특별한 이성 관계나 배타적인 이성 관계가 아니라 그냥 이성 친구인 것이다.

하지만 '여친'과 '남친'이라는 호칭은 사정이 다르다. '여친'은 여자친구, '남친'은 남자친구의 줄임말이지만 특별한 이성 관계임을 의미한다. 특정한 이성과 서로 사귀는 사이, 연애하는 사이, 연인 사이인 것이다.

요즘 젊은 세대들 가운데 물론 특정한 남친이나 여친이 있는 경우도 많지만, 의외로 자기만의 이성 친구를 사귀는 것을 무척 어려워하는 젊은 세대들도 많다.

남녀평등의 사회 분위기와 성 개방 풍조 때문에 대부분의 젊은 남녀들이 서로 교제하는 특정한 이성 친구가 있을 것 같지만 실상은 그렇지 않다. 젊은이들이 흔히 '모태 솔로'라고 하는, 태어나서 20대에 이르도록 자기만의 특정한 이성 친구를 사귀어보지 못한 젊은이들이 의외로 많다. 거기에는 그럴 만한 까닭이 있다.

요즘 젊은 세대들은 저출산 가정에서 태어나 외아들, 외동딸이 많다. 많아야 둘인데 아들만 둘이거나 딸만 둘인 가정도 많다. 더욱이 이들은 부모, 특히 엄마의 일방적인 과잉보호를 받으며 성장한 탓에 자존감과 자기 정체성이 크게 부족하고 선택과 결정을 할 때 의존심이 강하다. 또한 대화의 능력도 부족해서 자기 주관이나 의사 표현이 서투르다.

이성에 대한 호기심이 강해지는 사춘기를 거친 젊은 세대는 자기만의 이성 친구를 사귀고 싶은 욕구가 간절하다. 그런데 마음속으로 좋아하는 이성이 있어도 어떻게 말을 걸고, 어떻게 만나고 싶다는 의사를 전하고, 어떻게 좋아한다는 마음을 표현해야 할지 모른다.

이성을 사귀어본 경험이 전혀 없기 때문이다. 그리하여 마음만 졸이며 망설이다가 기회를 놓치는 것이다. 지금까지 부모나 선생님들로부터 온갖 지시를 받으며 그에 따라 행동했을 뿐 자신이 주체적으로 다른 사람, 특히 이성에게 의사를 전달하고 설득할 능력이 없는 것이다.

이러한 요즘 젊은이들의 추세에 따라 젊은 남녀가 서로 사귈 수 있도록 도와주는 전문 직업까지 등장했다. 그것이 이른바 연애 코치, 픽업 아티스트Pick-up Artist다.

연애 코치는 이성 교제에 어려움을 겪는 젊은 남녀에게 긴장하지 않고 대화하는 기술이나 사귀는 기술 등을 전문적으로 조언해주는 직업이다. 2013년 한국고용정보원이 연애 코치를 신규 직업으로 등록했을 정도로 어엿한 직업으로 자리매김하고 있다.

서양에서는 '데이팅 코치dating coach'라고 한다. 그러한 직업이 서양에서 먼저 생겨난 듯하다. 사적 행위인 연애를 지도한다는 것은 사실상 불가능하며 비윤리적이라는 비판도 있지만 연애에 서툰 젊은이들에게 도움을 주고 있어서 점점 늘어나고 있는 추세다.

픽업 아티스트는 서양에서 이미 1970년대에 보편화된 직업으로 그 근본 개념은 연애 코치보다 건전하지 못하다. 원래 서양에서는 특히 성관계를 갖고 싶은 여성의 관심을 끌고 유혹하는 전문가를 픽업 아티스트라고 한다는 것이다.

우리나라에서는 여자를 유혹하는 기술을 전문적으로 가르치는 그 분야의 고수를 픽업 아티스트라고 한다. 그들은 스스로 연애의 고수로, 작업의 달인으로 행세한다. 이러한 픽업 아티스트에 대한 관심이 높아 전문 학원까지 생겨나서 성업 중이라고 한다. 중국과 일본에서는 이 직업이 우리나라에 비해 널리 퍼져 있다. 연애 코치도 중국이나 일본이 우리보다 훨씬 대중화되어 있다.

하지만 픽업 아티스트는 연애 코치처럼 새로운 직업으로는 인정받지 못하고 있다. 몇 년 전 우리 법원은 "여성을 만나게 하는 일이 정당한 직업 행위라는 주장은 설득력이 없다."고 판시했다.

이와 같이 생경한 직업의 등장은 결국 이유가 무엇이든 대화 능력의 부족에서 생겨난 것이다. 가정이나 학교에서 대화 능력을 소홀히 하고 일방적인 주입식 교육에 치중한 병폐이기도 하다. 이제라도 각급 학교에서 입시 위주 주입식 교육을 개선하고 서양처럼 토론과 세미나 등을 통해 대화 능력을 향상시키는 노력이 있어야 한다.

현실적으로 대화 능력이 크게 떨어지는 젊은 세대들에게 연애 코치나 픽업 아티스트가 필요할지 모른다. 하지만 이성을 유혹하고 사랑을 게임으로 보는가 하면 성관계는 게임의 최종 미션으로 보는 그들에게는 최소한의 윤리의식이나 상대에 대한 배려가 없다는 것이 가장 큰 문제라고 청소년 전문가들은 지적한다. 사랑의 기술을 가르친다기보다 인간에 대한 폭력이라고 혹평하는 전문가들도 있다.

대화의 가치는 뛰어난 말솜씨로 상대를 현혹시키기보다 자신의 진정성을 전달하는 데 있다.

사실 이성 교제나 사랑에는 세련된 말솜씨가 필요 없다. 결혼 생활을 하고 있는 기성세대들이 모두 말솜씨가 뛰어나서 이성을 말로 유혹해서 마침내 결혼까지 한 것은 아니다. 참다운 남녀의 인연은 말보다 진정성에 의해 이루어지는 것이다.

자신이 어떤 이성을 사랑한다면 자기도 모르게 그 이성의 주변을 맴돌게 되고 상대방도 그것을 눈치챈다. 선택은 상대방의 몫이지만 그 사랑하는 마음에 진정성이 있다면 표정에서 나타난다. 또한 아무리 말솜씨가 없고 어눌해도 상대방이 그 진정성을 먼저 알아차린다.

이성을 사귀는 데 말솜씨나 대화 능력이 부족하다고 너무 걱정할 필요는 없다. 중요한 것은 성적 욕구와 같은 어떤 필요성 때문에 이성을 사귀려는 것이 아니라 진실한 사랑이다. 사랑하는 사람끼리는 아무 말을 하지 않아도 불안하거나 지루하지 않다.

진정한 사랑에는 연애 코치니 픽업 아티스트니 하는 연애 전문가의 조언이 필요 없다. 그것은 마치 취업할 때 입사지원서에 자기소개를 다른 사람이 대신 써주는 것과 같다. 사랑에 무슨 기술이 필요한가? 사랑은 기술이 아니라 진정한 마음이다.

사랑하는 이성에게 "저어, 잠깐 저하고 얘기 좀 할 수 있을까요?"라고 어눌하게 말해도 상대방은 쉽게 그 마음을 알아차린다. 오히려 말이 서툴고 어눌할수록 신뢰감을 주고 진정성이 있어 보인다.

남녀가 사귀는 대화의 기술

앞에서 사랑은 기술이 아니라고 했지만 처음 만나는 이성이든 서로 알고 지내는 사이든 두 사람만의 특별한 관계, 즉 서로 사귀면서 연인이 되어주기를 바라는 진정한 심정을 상대방에게 전달하기는 쉽지 않다.

그 때문에 혼자서 일방적으로 특정한 이성을 사랑하면서 말조차 건네지 못하는 짝사랑도 있고 너무 괴로워하다가 병이 나는 상사병도 있다. 어떤 식으로든 상대방과 대화를 하지 않으면 사랑은 이루어지기 어렵다.

남녀 어느 쪽이든 먼저 대화를 시도해야 한다. 사랑은 기술이 아니지만 사랑을 시작하는 과정이나 절차에서 어느 정도 대화의 기술이 필요하다. 흔히 '작업'이라고 말하는 대화의 기술이다.

자신의 심정을 상대방에게 제대로 전달하지 못하는 까닭은 여러 가지다. 무엇보다 지금까지 '사귀고 싶다', '사랑한다'는 말을 이성에게 해본 적이 없기 때문에 말문이 열리지 않고, 대화할 수 있는 기회가 생기더라도 너무 긴장하고 왠지 쑥스러워서 무슨 말부터 꺼내야 할지 어물거리다가 뜻을 이루지 못하는 것이다.

또한 거절당할지 모른다는 두려움에 용기를 내지 못하거나, 자기가 좋아하는 사람에게 이미 연인이 있을 때 과연 자신이 끼어들어야 할지 망설이기도 한다. 그런가 하면 남자와 여자라는 차이는 있지만 평소 그냥 친구로서 허물없이 지내왔는데 느닷없이 사랑을 고백하면 상대방이 당황하고 그 때문에 친구 사이도 멀어지지 않을까 하는 노파심에서 말을 못하는 경우도 있다.

사실 마음속에 자리 잡은 사람을 진심으로 사랑한다면 특별한 대화의 기술이 필요하지 않다. 따라서 대화를 시도하기에 앞서 자신이 과연 그를 진심으로 사랑하는지 신중하고 진지하게 생각해봐야 한다.

그 사랑이 진실하고 간절하다면 자신도 모르게 자석처럼 이끌려 그에게 다가가게 된다. 그뿐 아니라 때로는 무모할 정도로 사랑하는 사람에게 대시dash하게 되는 것이 사랑의 특성이다. 그런 경우에 대화의 기술이 무슨 필요가 있겠는가.

그러나 사랑하는 마음이 아무리 커도 부끄럽게 다가가서 우물쭈물하면 상대방이 그 마음을 알아차렸더라도 인연이 맺어지지 않는다. 무엇인가 말을 해야 한다. 그 때문에 대화의 기술이랄까, 대화의 요령이 필요한 것이다.

사랑은 다양한 경로로 예기치 않게 찾아온다. 지하철이나 버스에서 또는 길거리에서 우연히 만난 전혀 모르는 이성에게 첫눈에 반할 수도 있고, 모임이나 카페에서 친구를 기다리는데 한쪽에 혼자 앉아 있는 이성에게 넋을 빼앗길 수도 있다. 이른바 '소개팅'에서 가슴 설레는 사람을 만날 수도 있으며, 친구나 선후배의 추천으로 좋은 사람을 만날 수 있다. 조금 경우는 다르지만 결혼정보사나 주변의 소개를 받아 결혼을 전제로 맞선을 보아 인연을 맺기도 한다.

그런가 하면 각급 학교 동창이나 직장 동료와 같이 서로 잘 알고 지내는 사람을 은근히 마음속에 두고 남다른 관심을 갖거나 사랑하면서도 차마 고백을 하지 못하는 경우도 있다. 그에 따라 상대방을 처음 보는 경우, 잘 모르는 경우, 서로 잘 아는 경우로 나눠서 생각해볼 필요가 있다.

먼저 우연히 마주친 여성에게 마음을 빼앗긴 남성의 경우다. 한번 놓치면 다시는 기회가 오지 않을 수 있다. 신상을 전혀 모르지만 놓치고 싶지 않다면 그녀를 따라가는 수밖에 없다. 어떻게 해서든지 그녀와 마주 서야 한다. 하지만 그녀를 놀라게 해서는 안 된다.

낯선 남자가 접근하면 여성은 본능적으로 경계심을 갖게 되고 불안감이 앞선다. 요즘은 성폭행, 납치, 스토킹 등 여성을 상대로 한 범죄가 많은 터라 당연히 긴장하고 경계하는 것이다. 따라서 처음 보는 여성에게 다가가고자 하는 남성은 그녀가 불안감을 갖지 않게 하는 것이 중요하다. 외진 장소는 피해야 한다. 사람들의 왕래가 많은 장소에서 마주해서 불안감을 덜어줘야 한다. 너무 가까이 다가서서도 안 된다.

대략 1미터가량 거리를 두고 마주 서서 정중하게 고개 숙여 인사하고 "잠깐 실례하겠습니다. 저는……." 하면서 간단히 자기소개를 하면 여성이 서둘러 회피하려고 하지는 않는다. 그다음 "꼭 전해드릴 말씀이 있는데 여기서 말씀드려도 괜찮겠습니까?" 하며 여성의 의향을 묻는 것이 좋다.

대개의 경우라면 여성은 "무슨 얘긴데요? 여기서 말씀하세요." 하며 일단은 호기심을 보인다. 여성이 아무런 대꾸도 없이 가버리면 전혀 관심 없다는 표시다. 그렇다면 포기해야 한다. 하지만 여성이 얘기를 들으려고 한다면 절망적인 상황은 아니다.

여성이 별 불안감 없이 관심을 보이면 정중하고 진지하게 심정을 얘기한다. 솔직하게 꾸밈없이 얘기해야 하며 목소리는 너무 크지도 낮지도 않아야 한다.

"첫눈에 반했다고 하나요? 처음 보는 순간 제 마음을 사로잡았습니다. 그래서 실례를 무릅쓰고 뒤따라왔습니다. 아가씨와 사귀고 싶은 것이 솔직한 제 심정입니다."

그런 식으로 말한 다음 일방적으로 몰아붙이려 하지 말고 여성에게 선택의 기회를 주어야 한다. 강압적이거나 강요는 요즘 젊은 여성들에게 절대로 통하지 않는다. 낯선 남성으로부터 사귀고 싶다는 말을 들은 여성은 순간적으로 그 남성에 대해 외모, 직업, 인간성 등을 종합적으로 판단한다.

남성으로부터 사귀고 싶다는 말을 듣고도 머뭇거리면 일단 호감이 있다는 것이다. 그러면 "시간 있습니까? 어디 카페라도 가서 좀 더 얘기할 수 있을까요?" 하고 여성의 의향을 다시 묻는다. 만일 여성이 "지금은 제가 좀 바쁘네요. 다른 약속이 있거든요." 하면 서로 전화번호를 교환하고 다음에 다시 만날 약속을 하면 된다.

사귀고 싶다는 제의에 여성이 냉정하고 관심 없다는 듯 "저, 남자친구 있어요." 또는 "지금 바쁘거든요." 하면서 돌아서려 한다면 실패한 것이다. 끈질기게 따라가며 호소해봤자 인연을 맺기 어렵다. '열 번 찍어 안 넘어가는 나무는 없다'는 속담은 옛말이다. 너무 아쉽다면 그녀가 이용하는 교통편이나 왕래하는 길을 알아뒀다가 한 번쯤 더 시도해볼 수도 있다.

앞의 경우와 반대로 여성이 낯선 남성에게 마음이 끌리면 단번에 알아볼 수 있다. 끊임없이 그 남성에게 시선을 주거나 눈빛이며 표정에 속마음이 숨김없이 나타난다. 남성이 눈치를 챘다면 선택 여부는 남성에게 달려 있다.

소개팅을 비롯한 미혼 남녀의 각종 미팅이나 주변 사람의 소개로 이성을 만나는 경우는 비교적 접근이 쉽다. 왜냐하면 그 자리에 나온 미혼 남녀는 이미 이성을 사귈 마음의 준비가 되어 있기 때문이다.

미팅에서 특정한 여성에게 호감을 느낀다면 그녀에게 접근해서 많은 대화를 시도하며 서로의 신상 정보나 성격, 성품, 인간성 등을 조금이라도 파악하는 것이 좋다. 명함이 있다면 건네도 좋다. 이러한 상황에서 가장 중요한 것은 상대방에게 신뢰감을 주는 것이다. 허풍을 떨거나 과장된 말과 행동을 삼가고 진정성을 보여야 한다. 하지만 역시 선택권은 여성에게 있다는 것을 알아야 한다.

생각보다 쉽고도 어려운 것이 이미 알고 지내는 이성에게 사랑을 고백하는 것이다. 각급 학교 동창이나 선후배, 직장 동료나 함께 사회 활동을 하는 동료 등은 서로의 신상 정보를 잘 알고 있으며 평소 인간관계를 맺어왔기 때문에 대화하는 데 어려움은 없다.

하지만 가까운 사이이기 때문에 특별한 이성 관계를 맺고 싶다는 말을 하기가 어렵다. 진지하게 속마음을 털어놨는데 상대가 "호호, 너 농담하니?", "다른 생각 하지 말고 지금처럼 지내자." 하면 특별한 이성 관계를 원치 않는 것이다.

반면에 특별한 관계가 아주 쉽게 이루어질 수도 있다. 이미 서로 잘 아는 사이이기 때문에 망설임 없이 상대방의 마음을 받아들일 수도 있는 것이다. "나도 너한테 관심이 있었어.", "좋아, 우리 사귀자.", "네가 나에 대한 속마음을 털어놓기를 기다렸어."라고 하면 그다음은 일사천리로 빠르게 진전된다.

이성이 접근할 때 거절하는 대화의 기술

예상치 않게 어떤 식으로든 이성이 접근해서 사귀고 싶다거나 사랑을 고백하면 당혹스럽다. 다행히 그 이성에게 호감이 가면 행운이지만 전혀 자신의 취향이 아니고 가까이하기도 싫다면 과감하게 거절해야 한다.

상대방의 호소에 침묵하거나 어정쩡한 태도를 보이면 상대방은 자신에게 호감이 있는 것으로 착각하고 더욱 대시한다. 곧바로 분명한 태도를 보여주지 않으면 어떤 곤욕을 치를지 모른다. 다만 거절하는 데도 대화의 기술이 필요하다.

먼저, 사귀자고 접근하는 이성에게 거절 의사를 밝힐 때는 지나치게 쌀쌀맞은 말과 행동은 하지 말아야 한다. 콧방귀를 뀌듯이 비웃거나 비아냥거려서도 안 된다. 요즘처럼 험악한 세상에서는 자칫하면 엉뚱한 봉변을 당할지 모른다. 앙갚음을 당하거나 끔찍한 보복을 당할 수도 있다. 상대방을 얕잡아 봐서도 안 되고 자존심을 깎아내려서도 안 된다는 얘기다.

요즘은 여성들도 당당해서 자기 마음에 꼭 드는 남성을 만나면 놓치지 않으려고 적극적으로 의사 표현을 한다. 하지만 남성이 먼저 여성에게 접근하는 경우가 대부분이다. 그것이 인간이나 동물의 본능이다.

여성은 길거리나 카페, 술집 등에서 낯선 남자가 접근하면 더욱 경계해야 한다. 그 남자의 신상을 전혀 모를 뿐 아니라 진정성이 있는지, 단순한 유혹인지 모르기 때문이다. 남자가 다가선 시간대가 밤이라면 더욱 그렇다.

대부분의 젊은 여성들은 낯선 남자가 접근하면 무조건 회피하려고 한다. 남자를 외면하고 도망치듯 빠른 걸음으로 피하려고 한다. 이런 태도는 바람직하지 못하다. 남자는 끝까지 뒤를 쫓으려고 할 것이다. 남자가 사이코패스와 같은 위험한 인물일 수도 있다.

일단은 남자의 얘기를 들어주는 것이 안전하다. 대개 남자는 짧게 말한다. 남자의 의도를 파악했는데 말이 장황하면 끝까지 듣지 않아도 된다. 곧바로 분명하게 거절의 뜻을 밝혀야 한다. 다만 분명한 태도로 거절하더라도 남자에게 모욕감을 주거나 자존심을 건드리는 말은 삼가야 한다.

남자를 놀리고 희롱하는 듯한 말도 바람직하지 않다. 남자의 태도가 어떻게 돌변할지 모른다. 그보다는 차라리 거짓말이 낫다.

"말씀은 알겠는데요. 저는 이미 결혼을 약속한 남자친구가 있거든요. 죄송합니다."

"저한테 관심을 가져주신 것은 고맙지만, 저는 이미 결혼했어요."

정중한 태도로 그렇게 말하면 그것이 사실이든 아니든 남자는 곧 자신의 뜻을 거절하는 것으로 알아차린다. 그다음 약간 고개 숙여 인사하고 돌아서야 한다. 그래도 남자가 뒤쫓아오면 왕래하는 사람들 틈으로 끼어들거나 친구 또는 가족에게 전화해서 마중을 나오라고 하는 것이 좋다.

만일 그럴 만한 상황이 아니라면 계속 쫓아오는 남자에게 "계속해서 이러시면 경찰에 전화해서 신변보호를 요청하겠어요."와 같은 말로 조용히 엄포를 놓는 것도 한 가지 방법이다.

여성에게 장난하듯 치근거리는 남자들도 있다. 그런 남자들에게는 진정성이나 진실성이 없다. 그냥 장난삼아 낚시질을 하는 것이다. 여성이 걸려들면 좋고, 걸려들지 않아도 그만이다. 때문에 말도 함부로 한다.

이런 남자에게는 결연한 태도를 보여야 한다. 대꾸를 하지 않거나 말같지 않아서 웃어넘기면 계속해서 치근거린다. 그야말로 단칼에 잘라야 한다. "당신에게 전혀 관심 없으니까 쓸데없는 소리 하지 말아요. 자꾸 귀찮게 하면 성희롱으로 고발하겠어요." 이렇게 몹시 화가 난 표정을 지어야 한다.

평소에 학교 동창이나 선후배, 직장이나 사회생활의 동료로서 서로 잘 알고 지내는 남성으로부터 예상치 못했던 특별한 이성 관계의 요구를 받았을 때, 그 남성에게 이성으로서 관심이 없다면 당황하지 말고 태연해야 한다. 아울러 남자의 자존심도 다치지 않도록 조심해야 한다.

"어머, 김 선배가 저를 이성 상대로 생각하고 있다니 영광이네요. 김 선배는 인간성도 좋고 흠잡을 데 없는 멋진 남자예요. 하지만 안타깝게도 제 취향은 아니에요. 저는 제 나름대로 생각하는 남자가 있거든요.

오늘 저한테 하신 말씀은 못들은 걸로 하겠어요. 누구에게도 얘기하지 않겠다고 약속할게요. 그냥 지금처럼 서로 편안하게 지내요."

그러한 거절 의사를 밝혀도 상대가 집요하면 "죄송하지만 제 마음이 바뀔 가능성은 전혀 없거든요. 저 같은 여자 때문에 공연히 마음고생하지 마세요." 하며 태도를 분명히 한다. 남자는 지금까지의 관계와 자존심 때문에 대개는 여성에게 사과하고 물러선다. 그다음에 종전과 다름없는 관계를 유지하는 것이 좋다.

연인과 헤어질 때의 대화 기술

남자든 여자든 미혼 시절은 이성을 탐색하는 시기이기도 하다. 결혼을 약속하거나 약혼을 하지 않았다면 자기만의 잣대로 이성을 판단해서 기대치에 못 미친다면 얼마든지 헤어지고 또 다른 이성을 선택할 수 있다.

그러나 헤어지는 과정이 무척 중요하다. 서로 원만하게 합의하여 헤어진다면 크게 문제 될 것이 없지만 어느 한쪽이 일방적으로 헤어지려고 할 때는 갖가지 문제가 생긴다.

남자가 사귀던 여자와 헤어지려는 경우도 있지만 대부분은 여자가 남자의 의사와 관계없이 일방적으로 헤어지려 할 때 상황이 심각해진다. 이럴 때 여자는 대개 헤어지자는 말을 꺼내기 어렵거나 남자의 반발이 두려워 갑자기 연락을 끊거나 흔히 하는 말로 잠수를 타버리는 경우가 많다.

그런가 하면 휴대폰 문자나 SNS 등 온라인을 통해 결별을 알리기도 한다. 이것은 아주 좋지 않은 방법이다. 문자를 통한 의사 전달은 일방적일 뿐 아니라 진정성을 느끼기 어렵고 감정까지 전달되지는 않는다.

아무튼 남자가 연인 관계를 이어오던 여자로부터 일방적으로 헤어지자는 통보를 받으면 그것을 선뜻 수용하지 못한다. 어떤 남자가 연인이 일방적으로 자기와 헤어지겠다는데 그것을 쉽게 받아들이겠는가?

더구나 요즘 젊은 남자들은 성장 과정에서 부모의 과잉보호와 적극적인 지원으로 자신이 원하는 것은 무엇이든 성취할 수 있었기 때문에 치명적으로 좌절감을 가졌던 경험이 없다. 아울러 그들은 자신이 원하는 것은 무엇이든 얻을 수 있고 성취할 수 있다는 자기중심적 이기심이 팽배하다.

대학 입시나 취업에 실패하기도 하지만 그것이 좌절과 절망, 패배를 가져오는 것은 아니다. 희망을 가지고 계속해서 도전하면 대학 진학이나 취업이 가능하다. 하지만 일방적으로 실연당하는 것은 엄청난 좌절과 패배, 더할 수 없는 상실감과 배신감을 갖게 한다.

어쩔 수 없이 연인과 헤어지게 되면 치유하기 어려운 마음의 상처를 입으면서도 떠나가는 연인이 잘되고 행복하기를 기원하는 것이 사랑이다. 그래서 실연도 사랑이라고 했다.

그러나 요즘 젊은 세대들은 자기중심적 사고에 갇혀 연인이 일방적으로 이별을 통보하면 받아들이지 못하고 상실감과 배신감에 휩싸여 크게 분노한다. 마치 귀중한 소유물이 이탈해버린 것 같은 상실감에 몸을 떨며 배신에 대한 응징을 하려고 한다. 그 때문에 요즘 이별 살인과 같은 끔찍한 이별 범죄가 만연하고 있는 것이다.

남자에게 갖가지 흠결이 있어서 도저히 함께할 수 없다는 판단으로 헤어질 마음을 굳히지만 남자의 폭력과 보복, 끔찍한 이별 범죄가 두려워 차마 헤어지지 못하는 여성들도 적지 않다.

어찌 되었든 합의된 결별이 아니라 어느 한쪽, 특히 여자가 일방적으로 헤어지려고 할 때 남자의 상실감과 분노를 줄이려면 직접 대화로 해결하는 것이 최선의 방법이다.

대화를 하더라도 한 번의 대화로 끝내려고 단도직입적으로 이별을 통보하는 것은 좋은 방법이 아니다. 기다렸다는 듯이 헤어지자는 말을 수용하는 남자는 드물다. 남자가 헤어질 의사가 없다면 헤어져야 하는 이유를 꼬치꼬치 캐물으며 반발하고 변명하고 헤어질 수 없다고 하소연할 것이다. 그럼에도 여자의 태도가 완강하면 분노를 참지 못하고 충동적으로 물리적 보복이나 비이성적인 끔찍한 행동을 하기 쉽다.

따라서 여자가 신중하게 생각하고 판단한 끝에 남자친구와 헤어질 결심을 했다면, 적어도 2~3개월의 기간을 두고 조금씩 남자를 설득하는 것이 그나마 효과적이다.

그 첫 단계는 자신들과는 관계없는 것처럼 우회적이고 의도적으로 남녀의 이별에 대한 얘기를 꺼내는 것이다.

"며칠 전 고등학교 동창들과 만났는데 학교 때 내 단짝이었던 친구가 여러 해 동안 사귀어온 남자친구와 헤어졌대. 자기는 연인들이 헤어지는 것에 대해 어떻게 생각해?"

"연인과 헤어지면 슬플까, 홀가분할까?"

"첫 사랑이 이루어지기 어려운 것처럼 나는 사랑하는 사람들이 헤어질 수도 있다고 생각해."

이러한 대화를 통해 은근히 남녀의 이별을 거론하면서 남자의 속마음과 이별에 대한 그의 생각을 떠보는 것이다.

다행히 남자가 연인의 이별에 대해 긍정적인 반응을 보이면 비교적 헤어지기가 쉽다. 하지만 이별에 대해 부정적이고 완강한 태도를 보이면 결정적인 결별 선언은 좀 더 뒤로 미루는 것이 좋다. 그러면서 '져주는 대화'를 해야 한다.

"자기는 정말 좋은 남자야. 우리들이 영원한 커플로 함께하기에는 난 너무 부족한 게 많다는 생각이 들어. 왠지 자신 없어."

"난 자기 같은 남자가 나한테 묶여 있어 안타깝다는 생각을 하게 돼."

"자기처럼 멋있고 능력 있는 남자를 좋아하는 여자들이 많을 거야. 나보다 좋은 여자가 자기 앞에 나타나면 자기도 마음이 흔들릴 거야. 나보다 나은 여자라면 난 얼마든지 물러날 각오가 되어 있어."

이처럼 남자의 자존감을 높여주며 은근히 이별을 암시하는 것이다. 다만 조심할 것들이 있다. 연인으로서 성관계를 지속해왔다면 이별을 결심한 뒤에는 절대적으로 피해야 한다. 성관계를 지속하면 남자는 결코 놓아주려고 하지 않는다. 어떠한 구실을 붙여서라도 남자의 성적 요구를 피해야 한다.

또한 만남의 횟수도 줄여나가야 한다. 지금까지 일주일에 두세 차례 만났다면 한 차례로, 일주일에 한 번 만났다면 2주일이나 3주일에 한 번, 한 달에 한 번 정도로 차츰 줄여나가야 한다. 남자가 만나자고 재촉하면 적당한 핑계를 대고, 만나더라도 해야 할 일이 있다며 함께 있는 시간을 줄여나가야 한다.

그러한 소극적인 행동이 계속되면 남자는 여자가 자기와 헤어지려는 것이 아닌가 하는 생각을 하게 되고 그럴수록 이별을 예감한다. 남자가 그럴 때쯤 되도록 오래간만에 남자의 만나자는 요구를 받아들인다.

그때 만남을 반가워해서는 안 된다. 고통스럽고 시무룩한 표정으로 되도록 말을 하지 않고 묻는 말에만 간단히 대답하다가 기회를 봐서 진지하게 "난 아무리 생각해도 자기와 만나는 게 자신이 없어. 우리 한동안 만나지 않는 게 어떨까?" 하며 의사를 조심스럽게 전해야 한다.

그럴 때 남자의 태도는 두 가지다. 완강하게 거부하거나 어쩔 수 없는 듯 수용하는 것이다. 완강하게 거부하더라도 이별을 통보한 뒤로는 만나지 않는 것이 좋다.

한 가지 조심할 것이 있다. 남자가 이별을 수용하면서 마지막 성관계를 제의하는 경우가 있는데 어떤 일이 있어도 절대로 받아들여서는 안 된다. 남자가 강압적인 태도를 보이면 울면서 하소연을 해서라도 성관계를 피해야 한다.

연인들의 오해와 갈등을 푸는 대화

연인 사이라고 해서 항상 관계가 원만한 것은 아니다. 아무리 화목한 부부라도 부부 싸움을 하듯이 연인들도 다툼과 오해와 갈등을 겪는다.

연인들의 다툼은 대부분 견해차나 성격 차에서 비롯된다. 남녀의 본질적인 의식 차이도 한몫한다. 사소한 다툼이라면 '칼로 물베기'라는 부부 싸움처럼 크게 문제 될 것은 없다. 어느 한쪽이 양보하거나 다툼을 벌였던 상황이 해소되면 원래의 상태로 돌아간다.

그러나 연인 사이의 오해와 갈등은 사정이 좀 다르다. 먼저 오해부터 살펴보자.

'오해'는 사전적으로 사실과 다르게 해석하거나 이해한다는 뜻이다. 연인의 어떤 행동을 놓고, 연인의 의지와 사실을 자기중심적으로 잘못 판단하거나 자신의 잘못된 판단을 옳다고 믿는 데서 오해가 생기는 것이다.

오해에는 남녀의 차이가 거의 없다. 남자도 여자친구를 오해할 수 있고, 여자도 남자친구를 오해할 수 있다. 굳이 따지자면 여자가 남친의 어떤 행동을 오해하는 경우가 좀 더 많다고 할까? 그것은 남자가 여자보다 능동적으로 활동을 더 많이 하기 때문이다.

그러면 연인 사이에 왜 오해가 생기는 걸까?

첫째, 자주 만나기 때문이다. 서로 사랑하는 연인들은 자주 만난다. 잠시만 떨어져 있어도 보고 싶고 항상 같이 있고 싶어 한다. 그리하여 매일 만나기도 하고, 일주일에 두세 번 만나기도 하고, 특별한 사정이 없으면 일주일에 한 번은 만난다.

가끔 만나는 사람들이 나누는 대화에서 화제가 되고 주제가 되는 것은 비교적 큰일들이다. 서로의 가시적인 변화나 가정환경의 변화 등이 대화의 중심이 된다. 하지만 하루가 멀다 하고 자주 만나다 보면 아주 사소한 행동까지 얘기를 주고받게 된다.

"어제 퇴근하고 어디 갔었어?"

"어제 저녁에 왜 내 전화 받지 않았어? 그때 뭐했어?"

"아까 통화할 때 카페라고 했지? 누구 만났어?"

이처럼 사소한 행동이 얘깃거리가 되다 보니 하찮은 행동을 오해하게 되는 경우가 자주 생기는 것이다.

둘째, 거짓말이 오해의 불씨가 된다. 연인 사이에서는 서로 신뢰감이 있어야 한다. 그런데 평소에 거짓말을 자주 했다면 사실을 얘기해도 상대가 그 말을 믿지 못하고 의심하는 경우가 많다. 의심은 자기 나름대로의 판단을 갖게 해서 그 때문에 오해가 생긴다.

셋째, 독점욕 때문이다. 서로 인정하는 연인 사이라면 상대방을 배타적으로 독점하려는 욕구를 갖기 마련이다. 그리하여 연인의 행동을 자기 뜻대로 통제하고 항상 자기와 함께하기를 바란다. 그런데 연인이 자신의 통제를 벗어나거나 뜻에 어긋나는 행동을 하면 오해하게 되는 것이다.

물론 이 세 가지가 모든 오해의 요인이라고 단정할 수는 없다. 그 밖에도 사고방식의 차이, 남녀의 차이에서 오는 여러 가지 오해가 있을 것이다. 보편적으로 위의 세 가지가 비중 있는 오해의 요소라는 얘기다.

연인 사이에 오해가 생기면 오해하는 쪽은 불만을 터뜨리고 화를 내거나, 만나더라도 못마땅하고 시무룩한 표정으로 좀처럼 말을 하지 않거나, 아예 만남을 회피하는 경우도 있다.

오해받는 쪽은 답답하다. 무엇 때문에 연인의 태도가 갑자기 달라졌는지 궁금하기 짝이 없다. 연인이 불만을 노골적으로 얘기한다면 다행이지만, 말을 하지 않는다면 어떻게 해서든 태도가 달라진 까닭을 알아내야 한다. 만약 오해가 그 원인이라면 반드시 오해를 풀어야 한다.

먼저 자칫 오해받을 만한 행동이나 연인이 원치 않는 행동, 잘못된 행동을 했다면 솔직히 인정하고 진심으로 사과하며 용서를 빌어야 한다. 다시는 그런 행동을 하지 않겠다는 다짐도 해야 한다. 솔직하고 진정으로 반성하는 태도를 보이면 당장은 아니더라도 결국 사과를 받아들이고 용서하면서 오해를 풀고 화해하게 된다.

그러나 연인이 오해하는 것이 분명하다면 사실을 솔직하게 얘기해줘야 한다. 구차한 변명은 오히려 오해를 키운다. 이를테면 남자친구가 다른 여성과 단둘이 밤늦도록 함께 있었던 사실을 누군가로부터 전해 들

은 여성이 두 사람의 관계를 오해하고 있다면,

"그 여자, 나하고 대학 동창이야. 이미 결혼한 여자인데 부부 사이에 갈등과 불화가 심하다고 하소연하면서 나한테 조언을 해달라는 바람에 얘기가 길어졌던 거야. 그것 이외에는 아무것도 없고 아무런 관계도 아냐."

"그 여자, 내 직장 동료야. 상사의 성희롱이 노골적이어서 괴롭다며 자꾸 술을 마시는 바람에 오랫동안 같이 있게 됐어. 술에 잔뜩 취한 직장 동료를 내버려두고 가버릴 수는 없었어."

그것이 사실이라면 상세하게 상황을 설명하여 오해를 풀어야 한다. 그런데 자신이 평소에 거짓말을 많이 했다면 연인은 사실을 사실대로 설명해도 그것을 잘 믿으려고 하지 않는다.

그 때문에 자신에게 불리하든 유리하든 연인에게는 항상 솔직해야 하고 거짓말을 하지 말아야 한다. 연인의 신뢰를 잃으면 오해가 늘어나고, 결혼하더라도 항상 모든 행동을 의심받기 쉽다. 그리고 그것이 부부 갈등과 불화의 원인이 된다.

연인에 대한 독점욕은 대부분 사랑하기 때문이라는 구실로 합리화된다. 하지만 결혼했거나 약혼한 사이가 아니라면 독점욕은 자기중심적이고 이기적인 욕심이다.

미혼의 연인 관계는 서로 상대를 탐색하며 사랑을 굳혀가는 과정이지 배타적이고 독점적인 관계는 아니다. 다른 이성이 얼마든지 접근할 수 있다. 다만 유리한 점이 있다면 기득권, 우선권 등이 있을 뿐이다.

연인 사이의 오해는 대개 시간이 흐르면 해소되지만 갈등은 사정이 훨씬 심각하다.

'갈등葛藤'이란 칡과 등나무가 서로 복잡하게 얽히는 것과 같이, 개인이나 집단 사이에 의지나 처지, 이해관계가 크게 달라서 서로 적대시하거나 충돌을 일으키는 것이어서 심각할 수밖에 없다.

연인 사이의 갈등은 서로 수용하기 어려운 성격 차이, 습성이나 습관, 연인의 환경이나 여건, 장래성, 능력 등 비중이 큰 문제들로 심적 고통을 겪는 것이어서 쉽게 해소될 수 있는 성질이 아니다. 또한 남자친구가 만날 때마다 성관계를 요구하는 것도 갈등의 요소이다. 과연 자신을 사랑하는 것인지, 성적 파트너로 필요한 것인지 갈등하지 않을 수 없게된다.

갈등은 쉽게 해소되기보다 갈수록 더욱 심해지는 속성이 있다. 따라서 연인 사이에 어느 한쪽이 두 사람의 관계 때문에 갈등하게 되면 차츰 관계가 소원해진다. 그럼에도 갈등하고 있는 연인을 진정으로 사랑한다면 연인이 갈등을 풀 수 있도록 최선을 다해야 한다.

갈등하는 요소들을 정확하게 알아내고 그 해소 방법을 구체적으로 하나하나 납득할 수 있도록 제시해야 한다. 그것에는 당연히 신빙성과 가능성이 있어야 한다. 허풍이나 과장은 더욱 상황을 악화시킨다.

그럼에도 연인이 변함없이 갈등하는 태도를 보인다면 어느 정도 헤어질 결심을 굳히고 있는 것이다. 오해도 마찬가지다. 사실을 사실대로 설명했음에도 연인이 오해를 풀지 않는 경우도 헤어질 마음이 있기 때문이다. 그러니 마음의 준비를 하는 것이 좋다.

여자는 소유물이 아니다

똑똑하고 잘난 여자가 의외로 교양이 없고 인격이 의심스러운 무
식하고 무례하고 거친 남자, 이른바 '나쁜 남자'에게 걸려드는 경
우가 적지 않다. 그들은 여자의 신분이나 지위, 똑똑하고 잘난 것을 아
랑곳하지 않고 서슴없이 거친 말을 해댄다.

"야, 나하고 잘해보자.", "야, 너 섹시해 보인다. 나하고 섹스 한번 하
자.", "너 예쁘다. 이제부터 넌 내 거야."

그들에게 장점이 있다면 솔직한 것이지만, 잘나고 똑똑한 여자가 왜
이런 무식하고 거친 짐승 같은 나쁜 남자에게 어처구니없이 넘어가는
걸까?

그 까닭은 본능적으로 지금까지 경험해보지 못한 그들의 야성野性에
자기도 모르게 이끌리는 것이다. 약 200만 년 전의 인류, 남자의 먼 조
상은 사냥꾼이었다. 거칠고 야성적인 사냥꾼은 사냥을 잘하기 때문에
여자들이 가장 선호하는 남자였다. 그러한 DNA가 유전되고 있기 때문
이다.

지금은 남녀가 평등하고 오랫동안 남자들이 우월한 지위에 있던 가부장 시대가 아니다. 그럼에도 남자들에게는 먼 조상 사냥꾼의 DNA가 유전되고 있고, 가부장 의식도 아직 남아 있어서 여자의 위에 군림하려는 본성이 있다.

　대부분의 남자들은 자기 마음에 드는 여성에게 접근할 때는 정중하고 겸손한 태도로 호감을 주고 환심을 사려고 한다. 그리하여 연인 관계가 되면 차츰 여자를 제압하고 지배함으로써 여자를 자기 아래에 두고 군림하려고 한다. 물론 요즘 젊은 여자들도 당당하고 만만치 않아서 그 때문에 자주 충돌하고 서로 결별하는 경우도 흔하다.

　남자는 여자친구 위에 군림하면서 은근히 우월감을 갖는가 하면, 여자친구를 자신의 소유물이라는 그릇된 인식을 갖게 된다. 여자에게도 문제가 있다. 남자가 자신을 지배하면서 통제하고 속박하면 반발해야 하는데 자신을 너무 사랑하기 때문이라고 착각하는 것이다. 그뿐만 아니라 그러한 남자의 지배를 흡족하게 생각하면서 통제와 속박을 기꺼이 받아들이기도 한다.

　하지만 이것은 아주 잘못된 관계다. 연인 사이에 남녀의 상하 관계가 형성되면 남자의 군림은 점점 횡포로 바뀌게 된다. 자기 소유물을 철저히 관리하려는 태도로 여자친구에게 일방적으로 명령하고 지시하고, 조금이라도 자기 뜻대로 되지 않으면 질책하고 추궁한다.

　그 지경에 이르러서야 여자는 자신들의 관계가 잘못됐다는 것을 깨닫고 반발하고 저항한다. 하지만 이미 때가 늦었다. 남자는 여자가 자신의 명령과 지시, 원하지 않는 행동을 했을 때는 강하게 윽박지르면서 폭력을 행사한다. 이것이 이른바 '데이트 폭력'이다. 여자는 그야말로 남자의 소유물이나 노예와 다름없는 처지가 된다.

연인 사이에 어느 한쪽이 우위에 서는 상하 관계가 있을 수 없으며 어느 쪽이 상대에게 위압적일 수 없다. 더욱이 남자에게 여자는 결코 소유물이 아니다. 그러한 불평등하고 불안하고 긴장된 관계는 반드시 한계가 있기 마련이다. 오래가지 못하고 틀림없이 파탄을 맞는다.

무엇보다 먼저 남자는 여자가 자신의 소유물이라는 그릇된 인식을 버려야 한다. 그것은 사랑이 아니라 소유욕일 뿐이다. 진심으로 여자친구를 사랑한다면 위압적인 태도를 가질 수 없다. 사랑은 아낌없이 주는 것이며 상대에 대한 끝없는 배려다.

따라서 남자가 우위에 서서 일방적으로 지배하고 명령과 지시를 이행하지 않으면 폭력까지 휘두른다면 여자를 사랑하는 것이 아니다. 여자가 하루빨리 결단을 내리는 것이 현명하다.

그뿐만 아니라 남자의 폭력은 습성이다. 통제하지 않으면 상습화된다. 결혼한 뒤에는 대부분 가정폭력으로 이어져 아내와 자녀들에게까지 상습적으로 폭력을 행사한다. 그러한 고통을 겪지 않으려면 서둘러 헤어지는 것이 여자로서는 자신의 장래를 위한 최선의 방법이다.

그런데 그런 위압적인 남자와 헤어지기가 쉽지 않다. 결별 의사를 나타냈다가 가혹한 폭력에 시달리는 경우가 많다. 실제로 남자의 그러한 무차별적인 폭력과 끔찍한 보복이 두려워서 헤어지고 싶어도 헤어지지 못하는 여성들이 적지 않다.

용기가 있어야 한다. 헤어질 결심을 했다면 카페와 같은 공개된 장소에서 만나 얘기하는 것이 효과적이다. 아울러 친구나 친인척의 도움을 받아야 한다. 남자친구가 얼굴을 모르는 남자들이 있어야 한다.

　이를테면 카페에서 만났다면 남자친구와 단둘이 대화하되, 주변에 조력자들을 배치해서 상황을 지켜보다가 남자친구가 거칠게 나오거나 강제로 끌고 나가려고 하면 조력자들이 가세해서 저지하는 것이다.

　헤어지자는 의사도 조심스럽게 전해야 한다. 남자의 위압적인 태도를 거스르지 말고 낮은 소리로 하소연해야 한다.

　"오빠, 그동안 오빠한테 많은 것을 배웠어요. 많이 생각했는데 이제 자유롭고 싶거든요. 나를 풀어주세요. 간절하게 부탁드리는 거예요."

　그럴 때 위압적인 남자들은 대부분 헤어지려는 이유를 묻는다. 하지만 지나치게 위압적인 태도와 폭력이 이유라는 얘기는 하지 않는 것이 좋다. 그러면 남자는 당장 앞으로는 절대로 폭력 행위를 하지 않고 위압적인 태도도 고치겠다고 말한다.

　그 말은 헛말이다. 그때뿐이다. 자기 습성은 쉽게 고치지 못한다. 남자가 아무리 윽박지르더라도 끝까지 흔들리지 말고 자기를 놓아달라고 하소연해야 한다. 물론 그것을 선뜻 수용하는 남자는 드물다.

　자기 의사를 충분히 전달했으면 주변에 배치돼 있는 조력자들과 합류하는 것이 안전하다. 그다음 남자친구와 연락을 끊고 위험한 기미가 보이면 경찰에 신변 보호를 요청하는 것이 좋다. 곧바로 다른 남자를 사귀는 것은 절대로 삼가야 한다. 헤어진 남자가 끈질기게 추적하기 때문에 자칫하면 끔찍한 보복을 당할 수 있다.

조건이 어긋날 때의 대화

참다운 사랑의 본질은 순수함에 있다. 사랑에 어떤 이유가 있을 수 없으며 계산이 있을 수 없다. 사랑하지 않을 수 없는 것, 서로 떨어질 수 없는 것이 사랑이다. 그야말로 그냥 사랑하는 것이다. 진정으로 사랑하는 사이라면 서로 대화가 없어도 불안하거나 불편하지 않다.

그냥 이끌리고 가슴 설레고 그립고 아낌없이 주고 싶은 사랑, 이러한 사랑이 절대적인 사랑이며 낭만적 사랑이다. 하지만 현대인의 사랑, 우리들의 사랑에는 많은 변화가 있다. 물론 낭만적 사랑을 하는 연인들도 있지만 사랑에 갖가지 '조건'들이 따르는 것이 오늘날의 사랑이다.

영국의 사회학자 앤서니 기든스^{Anthony Giddens}는 저서 《현대사회의 성, 사랑, 에로티시즘》에서 전통적인 '낭만적 사랑'은 사라져가고 있으며, 현대인의 사랑은 '합류적 사랑'이라고 진단했다.

서로 다른 물줄기들이 합쳐져 강이 되듯이 서로 다른 환경과 여건에서 성장하고 서로 다른 사고방식과 가치관과 인생관을 가진 남녀가 합류해서 상생의 시너지 효과를 내는 것이 오늘날의 사랑이며 결혼이라는 것이다.

충분히 공감할 만하다. 요즘의 젊은 세대들은 저마다 뚜렷한 행복관과 가치관을 지닌 가정에서 성장했을 뿐 아니라, 거의 모두 고등교육을 받았고 자기주장과 주관이 분명하다.

따라서 이성을 만날 때도 절대적인 사랑보다 갖가지 '조건'들을 견주어보는 것이다. 외모와 신체적인 조건, 직업과 장래성, 학력, 능력, 가족 관계 등 수많은 조건들을 놓고 계산하고 저울질한다. 이러한 조건들 가운데서 가장 비중을 두는 것이 재력이다.

상대방의 경제력은 물론이고 그의 집안과 부모의 재력까지 '조건'의 우선순위가 된다. 어찌 보면 사랑보다 조건이 앞서는 것이 오늘날의 사랑이며 결혼 풍조다. 조건이 좋지 못하면 사랑하기도 힘들고 결혼하기도 힘든 세상이다.

그렇다고 해서 현실을 개탄하거나 순수한 사랑을 되찾자는 것은 아니다. 시대의 흐름이 그렇다면 현실에 적응할 수밖에 없다. 적응하지 못하면 도태된다. 그런데 문제가 있다. 서로 조건들을 빈틈없이 따져서 인연을 맺고 결혼을 했는데, 그 조건들이 사실과 다르거나 어긋날 때는 어찌할 것인가?

실제로 그러한 상황들이 우리 주변에서 적지 않게 일어나고 있다.

조건이 충족되어 결혼했는데 차츰 그 조건들이 거짓이고 과장되고 위장된 사실이 드러나는 경우가 있다. 결혼한 뒤에 배우자의 부모가 부도가 나거나 파산할 수도 있고, 배우자가 부정과 비리로 모든 것을 잃고 실형을 살 수도 있다. 또한 결혼 조건으로 제시한 것이 약속대로 이행되지 않을 수도 있다.

이름이 알려진 유명한 여류 무용가가 있었다. 부모가 무척 가난했기 때문에 그녀는 무용가로 대성하고픈 꿈을 이룰 수 없는 처지였다. 그때 돈 많은 남자가 접근했다. 원하는 것을 모두 들어줄 테니 자기와 결혼하자고 했다.

무용가는 1년에 두 차례 이상 개인무용발표회를 지원해줄 것과 자신의 대외 활동을 간섭하지 않는다는 조건을 제시했다. 남자가 흔쾌히 그 조건들을 수용해서 결혼했다.

하지만 결혼한 지 불과 1~2년이 지나자 남자의 태도가 달라졌다. 가정에 너무 소홀하다는 이유로 아내의 대외 활동을 심하게 간섭하는가 하면 자신을 사랑하지 않는다는 이유로 폭력을 휘둘렀다. 가정폭력에 시달린 그녀는 결국 이혼했다.

이처럼 결혼 전에 제시한 조건들이 거짓이거나 큰 변화가 생겼을 때 어떻게 해야 하는가? 그러한 큰 변화가 부부 관계에 치명적인 영향을 미칠 것이 분명하다. 어찌 되었든 부부의 대화가 필요할 것이다.

남녀의 교제, 결혼에 이르게 했던 갖가지 조건들이 거의 허위, 날조, 위장 등으로 밝혀지는 경우는 자주 있다. 해외 명문대 유학도 거짓이고, 검사·의사라는 지위도 거짓이고, 재력가의 자녀라는 것도 거짓이어서 다툼을 벌이고 결혼이 파탄 났다는 보도를 가끔 볼 수 있다.

이것은 명백한 사기 행위다. 대화가 필요 없다. 신뢰가 완전히 무너졌으니 미련 없이 헤어져야 한다. 주변 사람들에게 너무 창피하고 부끄러워 그냥 넘어간다면 앞으로도 사기 행각은 계속될 것이다. 정신적, 물질적으로 피해가 크지만 어쩔 수 없다. 거짓에 속은 쪽의 책임도 있다. 참된 사랑보다 조건에 집착했던 책임이다.

결혼 전의 조건들이 거짓은 아니었지만 여러 계기로 상황이 크게 바뀌어 조건이 어긋났을 때는 배우자를 위로하고 격려해야 한다. 그 때문에 결별할 수는 없다. 인생은 우여곡절의 연속이다. 그래서 '행복에는 불행도 포함되어 있다'는 격언이 있는 것이다.

"당신은 다시 일어설 수 있어. 난 변함없이 당신을 믿어. 당신은 능력 있는 사람이야. 어떤 고난이 와도 당신 곁에 있을 거야. 나도 온힘을 다해 당신을 도울게. 내가 할 수 있는 일이라면 무엇이라도 할 각오가 되어 있어." 등과 같은 대화로 용기를 주고 함께 힘을 합치는 것이 부부의 도리다.

앞에서 소개했던 무용가의 경우처럼 결혼의 계기가 됐던 조건들이 결혼한 뒤에 어긋나거나 약속을 지키지 않을 때 부부 갈등과 불화가 생긴다. 우선 그 까닭을 살펴야 한다. 어쩔 수 없이 지키지 못하는 것인가? 아니면 의도적으로 약속을 무시하는 것인가?

어쩔 수 없는 사정이라면 이해하고 인내하며 서로 힘을 모아 개선하려고 노력해야 한다. 하지만 배우자가 의도적으로 약속을 어겼다면 화를 내고 윽박지르면서 추궁하기보다 먼저 진지하게 대화를 해야 한다.

"결혼 전에 했던 약속 지키기 힘들어? 뭔가 이유가 있는 거야? 나한테 말 못할 사정이 있어?"

그러한 질문을 통해 배우자의 생각을 파악해야 한다. 대답이 시큰둥하거나 비아냥거린다면 전혀 사랑하는 마음이 없다는 뜻이다. 그럴 경우에는 또다시 여러 조건들과 상황을 검토해서 헤어질 것인지 말 것인지 태도를 결정해야 한다.

하지만 부부 사이에 사랑이 없다면 그 관계가 오래갈 수 없다. 관계가 이어지더라도 가시밭길이다. 요즘 사랑보다 조건이 앞서는 세태가 문제지만 조건을 맞춰 인연을 맺었더라도 서로 사랑을 키워나가야 한다. 상대방에 대한 존중과 배려, 양보가 있으면 사랑을 키워갈 수 있다. 사랑이 있어야 그 관계가 튼튼하다.

직장생활에서 가장 중요한 3가지

첫째, 다른 사람이 요구하고 기대하는 것보다 더 많은 일을 해라.
둘째, 사람들이 당신과 어울리고 싶어 할 만큼 긍정적인 기운을 내뿜어라.
셋째, 호기심을 갖고 배우는 것을 멈추지 마라.

— 잭 웰치, 전 GE 회장

대화보다
진정성이 먼저다

진실을 말하는 것이 최고의 대화다

말을 잘 못하는 것보다 잘하는 것이 여러 가지로 유리하다. 그래서 '말 잘해야 성공한다'고도 한다. 말을 잘하면 생존을 위한 좋은 무기가 될 수 있다. 하지만 말을 아무리 잘해도 해서는 안 될 말을 하면 독이 되기도 한다.

말은 곧 말하는 사람을 비추는 거울이라고 한다. 말을 들으면 그 사람의 인격과 성격, 교양, 사회적 지위 등을 단번에 짐작할 수 있다. 말 잘하는 사람은 자신의 가치와 존재감을 한결 높인다. 말 잘하는 사람은 그만큼 총명하고 능력이 있어 보인다. 아니, 실제로 머리가 좋고 능력이 있을 수 있다. 그래서 '말 잘해야 성공한다'는 말이 허튼소리가 아니다.

하지만 말을 잘한다고 항상 좋은 것은 아니다. 너무 말만 앞세우거나 신중하지 못한 말로 사회적으로 문제를 일으키기도 한다. 설화舌禍 사건이 그것이다. 혀를 잘못 놀려 세상을 시끄럽게 하고 본인도 큰 피해를 입는 것이 설화 사건이다. 말을 아무리 잘해도 '막말'은 지탄을 받는다. 미국의 45대 대통령 트럼프가 그렇지 않은가.

사기꾼이나 거짓말쟁이들도 말을 그럴듯하게 잘한다. 그들의 말재주에 현혹되어 큰 피해를 보는 사람이 많다. 대부분의 정치인들은 한결같이 말을 잘하지만 말과 행동이 달라서 지탄을 받는다. 하지만 사기꾼이나 거짓말쟁이들의 말은 반드시 들통이 나게 되어 있다.

상대방과 말을 주고받는 대화에는 별다른 의미 없이 우의와 친목을 도모하기 위한 것도 있고, 지루한 시간을 메우기 위한 것도 있으며, 뚜렷한 목적이 있는 경우도 있다.

목적이 있다는 것은 상대방에게 원하는 것을 얻어내야 한다는 뜻이다. 그래서 상대방을 설득할 수 있는 말솜씨가 있어야 하며 임기응변이 뛰어나야 한다. 말 잘하는 사람들이 대개 임기응변에 능하다.

다툼이 있을 때도 말을 잘해야 상대방을 제압할 수 있다. 인질극과 같은 극단적인 상황에서도 말 잘하는 협상가가 나서서 중재해야 성과가 있다. 말을 잘하는 것이 못하는 것보다 훨씬 유리하다.

그러나 대화하는 과정에서 뛰어난 말솜씨보다 더 중요한 것이 있다. 바로 진정성이 그것이다. 진실한 말을 해야 상대방의 마음을 움직일 수 있다. 말솜씨가 아무리 서툴러도 말에 진실성이 있다면 상대방이 공감한다. 진실성만 있다면 말솜씨가 뛰어난 것보다 어눌한 것이 오히려 신뢰감을 줄 수 있다.

상대방의 신분이나 지위, 자신과의 관계가 어떠하든 대화할 때는 상대방을 존중하고 배려해야 하며 적절한 예의를 갖춰야 호감을 얻는다. 상대방의 말을 더 많이 듣고 자신에게 유리하든 불리하든 진심과 열정으로 진실만을 얘기할 때 자신의 견해나 의사를 올바르게 전달할 수 있

으며 상대방의 호의적인 반응을 얻어낼 수 있다. 결국 진실을 말하는
것이 최고의 대화다.

경청과 침묵의 중요성을 잊지 마라

지금까지 '경청'에 대해 끊임없이 강조했다. 경청은 대화의 기본이기 때문이다. 대화란 무엇인가? 말하기와 듣기다. 상대방의 말을 듣지 않으면 대화의 의미가 없다. 우리의 입은 하나이고 귀는 둘이다. 그래서 예로부터 자기가 말하는 것보다 두 배를 더 들으라고 했다.

'경청傾聽'은 남의 말, 상대방의 말을 귀 기울여 주의 깊게 듣는 것이다. 상대방의 말을 건성으로 듣거나, 상대방이 말하는데 딴 짓을 하거나, 상대방이 열심히 얘기했는데 그것과 전혀 관계없는 다른 얘기를 꺼내거나, 상대방이 말하는 도중에 자꾸 끊어버리며 자기 얘기를 하는 것은 올바른 경청이 아니다.

상대방을 존중하고 배려한다면 상대방의 말을 진지하게 들으며 반응을 나타내야 한다. 대화의 궁극적인 목적은 소통이다. 서로 자기주장만 내세우며 양보와 타협 없이 맞선다면 소통이 이루어질 수 없다.

상대방의 말을 진지하게 열심히 들어야 서로의 주장과 의도를 정확하게 파악할 수 있다. 그에 따라 의견 교환이 이루어지고 상대방의 뜻을 이해하고 공감해서 자기주장을 철회하거나 양보와 타협으로 소통하게 되는 것이다.

서로 자기 고집만 내세우며 상대방의 말에 대해서는 '쇠귀에 경 읽기'식으로 반응한다면 그 대화는 아무런 가치가 없으며 시간낭비일 뿐이다. 상대방의 말을 진지하게 들어보라 상대방의 말을 열심히 듣다 보면 새로운 사실을 알게 될 수도 있고, 새로운 지식과 정보를 얻을 수도 있다.

이러한 경청에도 기술이 있다. 상대방의 말을 그저 열심히 듣기만 한다면 경청의 좋은 태도가 아니다. 말을 들었으면 반응이 있어야 한다. 우리 국악에 '추임새'라는 것이 있다. 소리꾼이 사설을 풀어놓으면 '얼쑤!'와 같은 소리로 공감을 나타내며 흥을 돋우는 것이 추임새다. 영어의 '리액션reaction'이 그것이다.

대화에서도 상대방이 하는 말에 표정으로 깊은 관심을 보이거나 자신의 감정을 나타내고 궁금한 것은 질문을 하는 등 반응이 있어야 상대방이 더욱 열심히 얘기할 것이다. 이러한 것이 져주는 대화다.

그다음은 상대방의 말을 열심히 진지하게 들어야 그가 무슨 말을 하는 것인지, 그의 말에 어떤 의도가 있는지, 그가 원하는 것은 무엇인지 파악할 수 있다. 아울러 그에 대한 반응과 함께 의사를 표현함으로써 소통이 가능해지는 것이다. 상대방의 말을 이해하고 공감한다면 자기주장이나 견해를 바꿀 수도 있어야 한다. 그것이 화합이고 소통이다.

대화할 때 상대방의 말을 70% 듣고 자기 말은 30% 하는 것이 이상적이라고 한다. 상대방을 설득해서 원하는 것을 얻으려는 목적 있는 대화도 그렇다. 설득하기 위해 쉬지 않고 자기 말을 쏟아놓는 것보다 경청을 통해 상대방이 스스로 자신의 목적을 수용하는 뜻을 나타내도록 하는 것이 훨씬 효과적이다.

'침묵'이란 입을 다물고 조용히 있는 것이다. 즉 아무 말도 하지 않는 것이다. 다른 사람과 대화하면서 아무 말도 하지 않는다니, 그러면 대화가 될 수 없을 것 같지만 그렇지 않다. 침묵도 한 가지 대화의 기술이다.

먼저 얘기를 꺼내지 않지만 상대방으로부터 듣고 싶은 말도 있다. 이를테면 젊은 여성들은 자기가 먼저 사랑을 고백하기보다 사랑하는 남자가 먼저 고백해주기를 기대한다. 상대방에게 정신적·물질적 빚을 지고 있다면 상대방이 먼저 자신을 용서해주고 부채를 해결할 방안을 제시해준다면 한결 마음이 편할 것이다.

대화하는 가운데 상대방이 서로 잘 아는 제3자를 노골적으로 비난하거나 경멸하는 말을 한다면 아무런 반응을 나타내지 않고 침묵하는 것이 좋다. 흔히 말하는 '뒷담화'의 경우가 그렇다.

침묵은 말하는 사람에게는 공감과 동조를 나타내는 것으로 전달될 수도 있지만, 그와 반대로 공감하지 않으며 동조하지 않는다는 뜻이기도 하다. 따라서 침묵은 부질없는 오해로부터 벗어날 수 있는 대화의 기술이 된다.

대화하는 과정에서 경청과 침묵은 좋은 결과를 가져다준다. 져주는 대화의 좋은 점이 그런 것이다. 그리하여 한결같이 경청을 강조하는 것이다. 경청해서 손해 볼 일은 아무것도 없다.

약속과 신용을 지켜라

인간관계에서 가장 중요한 것은 서로 신뢰하는 것이다. 의미가 있거나 목적이 있는 대화는 서로를 신뢰해야 가능하다. 신뢰의 바탕은 약속과 신용이다. 서로 합의된 약속은 반드시 지키고 말과 행동이 같아야 신뢰가 형성된다.

우리나라에 와서 활동하는 외국인들이 당황하는 것 가운데 하나가 허황된 약속이라고 한다. 예컨대 서로 우연히 마주쳤거나 약속한 만남이 끝나고 헤어질 때, 우리는 습관적으로 "다음에 한번 만납시다.", "다음에 만나서 술 한잔합시다.", "다음에 식사나 같이 합시다."와 같은 말을 자주 한다.

외국인들이 그런 말을 들었을 때는 그것을 약속으로 이해한다. 그리하여 연락이 오기를 아무리 기다려도 도무지 소식이 없다. 몇 개월이 지나도 감감무소식이다. 결국 상대방 한국인을 신용 없는 사람으로 간주한다.

그러다가 또 우연히 마주치거나 다른 일로 전화가 왔을 때 그 '약속'

에 대한 얘기를 꺼내면 "어, 내가 그런 말을 했었나?", "미안해, 내가 깜빡했어." 하며 태연하다. 약속을 기억조차 못하고 깜빡하다니, 역시 신용 없는 사람이라고 외국인들은 자신의 판단을 굳게 믿는다. 그것이 별 의미 없는 'Goodbye'나 'See you again'과 같은 한국인들의 인사말이라는 것을 알게 되기까지는 오랜 시간이 걸린다고 한다.

약속과 신용은 말과 대화에 의해 이루어지는 것이다. 지키지 못하는 말을 '식언食言'이라고 한다. 식언은 사전적으로 '약속한 말을 지키지 않음'이다. 우리 주변에는 자기가 한 말을 잊어버리거나 지키지 못하는 사람들이 무척 많다. 신뢰할 수 없는 사람들이 아주 많다는 얘기다.

신용이 없으면 결코 성공할 수 없고 원하는 것도 얻을 수 없다. 신용 없는 사람은 말과 행동이 의심스럽기 때문에 도움을 주려고 하지 않기 때문이다.

신용은 말과 행동이 일치하는 데서 만들어진다. 우리나라의 정치인들이 국민의 신뢰를 얻지 못하는 것은 그들의 말과 행동이 다르고 식언을 밥 먹듯이 하는 탓이다. 원만한 인간관계를 형성하려면 자신이 한 말을 책임질 수 있어야 한다. 책임지지 못할 말은 하지 말아야 한다.

내가 잘 알고 지내는 사람한테 들은 얘기다. 그는 사업 관계로 타이완에 갔다가 현지 바이어의 접대를 받게 되었다. 우리나라의 룸살롱과 같은 호스티스들이 있는 고급 주점에 갔는데, 그의 파트너가 된 호스티스는 서양 여성이었다.

그는 그럭저럭 영어로 대화가 가능한 것이 재미있어서 온갖 얘기를 하다가 이렇게 물었다.

"이 주점은 몇 시에 끝나지?"

"새벽 두 시에 끝나요."

"그럼 우리 이따가 두 시에 만나서 데이트할까? 내가 묵고 있는 호텔이 여기서 가까우니까 내가 두 시에 주점 앞으로 올게. 어때?"

"좋아요. 그럼 두 시에 만나요."

이런 대화를 하고 헤어졌다. 그는 그냥 재미삼아 영어로 말한 것이어서 주점을 나오자 자기가 한 말을 잊어버리고 호텔로 돌아갔다고 한다. 그런데 그 다음 날 아침 호텔에서 나와 그 주점 앞을 지나가게 됐는데, 어젯밤의 그 여성이 갑자기 달려나와 앞을 막아섰다.

"이것봐요! 왜 약속을 안 지키는 거죠? 난 새벽 두 시부터 이 앞에서 한 시간 넘게 당신을 기다렸다고요. 그 때문에 집에도 못가고 주점에서 잤어요. 어떻게 보상할 거예요?"

그는 정말 난감하고 미안해서 혼났다고 했다. 어쩔 수 없이 몇 차례 사과하며 용서를 구했다고 했다. 그랬더니 말로써 해결될 문제가 아니라며 계속해서 보상해줄 것을 요구했다. 결국 그는 그녀가 요구한 300달러를 보상해주고야 난처한 상황에서 벗어날 수 있었다고 했다.

지키지 못할 약속, 농담으로라도 식언은 하지 말아야 한다. 식언을 하면 신용도 떨어지고 자신의 가치도 크게 떨어진다. 언행일치야말로 대화에서 가장 유의할 점이다.

상대방의 경조사를 챙겨라

우리는 가족, 친인척, 가까운 친구들과는 기쁨과 슬픔을 공유한다. 혈육의 정과 끈끈한 우정의 유대감과 친밀감이 공통된 감정을 갖게 하는 것이다. 그것이 자신의 내적인 인간관계라면 외적인 인간관계는 어떠해야 할까? 공적이든 사적이든 서로 인간관계를 맺고 유대감을 이어가는 사이라면 어떻게 처신하는 것이 좋을까?

철저히 약속을 지키고 신용을 지켜 서로 신뢰감을 형성하는 것도 중요하지만, 그와 함께 참다운 인간성을 갖춰야 한다. 외적인 인간관계에서도 기쁨과 슬픔 등 희로애락에서 공통된 감정을 가질 수 있어야 유대감이 더욱 돈독해진다. 그것은 형식과 겉치레, 체면치레가 아닌 진정한 인간성이 있어야 가능하다.

그러자면 어떠한 계기로 인연을 맺었든 유대감을 이어가고 있는 지인들의 개인 사정에도 관심을 가질 필요가 있다. 이를테면 그의 기쁨과 슬픔에 공감하는 것이 무엇보다 중요하다. 그가 승진을 했거나 상을 타거나 지금보다 좋은 대우를 보장받고 직장을 옮기거나 아이를 낳는 등

기쁜 일이 있을 때는 함께 기뻐하며 축하해줄 수 있어야 한다.

만약 그가 뜻하지 않은 어려움을 겪는다면 앞장서서 적극적으로 도와줘야 한다. 상대방과 가족이나 다름없이 감정을 공유할 때 인간관계가 더욱 견고해지는 것이다.

좀 더 구체적인 방법으로는 유대 관계를 맺고 있는 지인들의 경조사를 철저하게 챙기는 것이다. 우리 주변에는 가족과 일가친척이 번성하고 인간관계가 활발한 사람들도 있지만 여러 가지 이유로 외로운 사람들도 많다. 가족의 결혼식에 하객이 너무 적을 것을 우려해서 하객 대행업체에 돈을 주고 대리 하객을 동원하는 경우까지 있다.

특히 부모의 장례와 같은 슬픈 일에는 많은 사람들이 장례식장을 찾아가 조문하고 상주를 진심으로 위로해야 상주도 그나마 슬픔을 덜 수 있다. 지인에게 그런 슬픈 일이 있을 때는 누구보다 먼저 달려가 위로하고, 되도록 긴 시간을 함께하며 장례식장을 지켜주면 상대방은 고마움을 잊지 않는다.

지인들의 경조사를 챙길 때는 진정성이 있어야 한다. 진심으로 기뻐하고 진심으로 슬퍼할 수 있어야 한다는 것이다. 흔한 말로 '눈도장'이라는 말이 있다. 경조사에 참석하지 않으면 나중에 불이익을 당할까봐 마지못해 참석해서 경조사의 당사자에게 자신의 모습을 보이는 것이 눈도장이다.

인간관계에서 그러한 겉치레와 얄팍한 계산이 앞서면 진정성이 없기 때문에 돈독한 관계가 될 수 없다. 서로 필요성과 이용 가치가 있을 때만 교류하는 타산적인 관계일 뿐이다.

인간성은 인간으로서 지켜야 할 도리다. 순수해야 한다. 인간관계에서 계산이나 타산이 앞서면 자신도 남들로부터 그러한 대우를 받게 된다. 지인의 경조사가 내가 그 일을 당했을 때의 감정과 100% 같을 수는 없겠지만 기쁨과 슬픔을 공유하는 인간성이 있어야 원만한 인간관계가 유지된다.

"진심으로 축하합니다." 하고 당사자에게 말했다면 그 말이 진심이어야 하고, "얼마나 마음이 아프십니까?" 하며 위로했다면 당사자의 아픈 마음을 충분히 이해해야 한다.

가끔은 스마트폰과 헤어져라

언젠가 지하철을 탔는데 별 생각 없이 앉아 있다가 두 가지 사실을 목격하고 깜짝 놀랐다. 내가 앉아 있는 줄과 맞은편 줄 좌석에 각각 7명씩 모두 14명의 승객 가운데 10명이 안경을 썼다는 사실에 놀랐고, 더욱 놀라운 것은 14명 모두 너나없이 스마트폰을 들여다보고 있는 것이었다.

우연히 그런 상황이 될 수도 있겠지만 안경 쓴 사람들이 크게 늘어나고 있는 것은 분명해 보인다. 물론 여기서 안경 얘기를 하려는 것은 아니다. 내가 앉아 있는 줄과 맞은편 줄에 앉은 14명이 모두 스마트폰에 매몰되어 있는 것도 우연의 일치일 수 있다. 어쩌다 공교롭게 그 좌석들에 스마트폰을 능숙하게 사용하는 사람들이 앉게 되었을 수도 있다.

하지만 스마트폰 사용이 서투른 노인들을 제외하면 거의 모든 국민들이 스마트폰을 가지고 있다. 몇 년 전에 우리나라의 스마트폰 보급률이 세계 1위라는 보도도 있었다. 2015년 3월 기준으로 국민 83%가 스마트폰을 보유해서 세계 4위라고 한다. 세계 주요 국가 56개국의 스마트폰 보급률 평균 60%와 비교하면 대단한 숫자다.

청소년의 스마트폰 보급률도 놀랄 만하다. 2014년 여성가족부의 조사에 따르면 청소년의 81.5%가 스마트폰을 갖고 있는 것으로 나타났다. 3년 전의 통계이니 지금은 그보다 훨씬 높아졌을 것이다. 심지어 초등학생들까지 스마트폰을 가지고 있다.

스마트폰은 부인할 수 없는 문명의 이기利器다. '손 안의 컴퓨터'라고 할 수 있을 정도로 놀라운 기능을 갖춘 것이 스마트폰이다. 그뿐만 아니라 그 기능과 다양성이 갈수록 진화해서 각종 지식과 정보를 비롯해서 실생활에 필요한 갖가지 역할과 기능을 제공함으로써 그 활용도가 갈수록 높아지고 있다. 또한 잘 알려져 있듯이 우리나라는 세계 1~2위를 다투는 스마트폰 생산국이기도 하다.

이러한 현실에서 어린이와 청소년들까지 스마트폰을 애용하는 것을 반드시 해롭다고 할 수는 없다. 스마트폰은 이미 생활필수품이 된 지 오래이며, 이는 우리나라뿐 아니라 전 세계적인 현상이다.

그러나 스마트폰에 너무 매몰되어 많은 청소년과 젊은이들이 스마트폰에 중독되어 있는 것은 큰 문제다. 잠자는 시간을 빼놓고 거의 대부분의 시간을 스마트폰에 매달려 있는 것이다. 심지어 식사할 때도 스마트폰을 보고, 누군가를 기다릴 때도 스마트폰을, 길을 걸으면서도 스마트폰을 본다.

이처럼 스마트폰에 중독되면 잠깐이라도 스마트폰과 떨어지게 되면 심한 불안감을 보이고 안절부절못하는가 하면 수전증 환자처럼 손을 떨기도 한다. 부모나 선생님이 잠시 스마트폰을 빼앗으면 흥분해서 마구 대들고, 수업시간에 스마트폰을 보관하려는 선생님에게 폭력을 휘두른 사건도 있었다. 이쯤 되면 스마트폰을 애용하고 활용하는 것이 아니라 스마트폰의 노예나 다름없다.

스마트폰에는 많은 순기능들이 있지만 역기능도 있음을 알아야 한다. 스마트폰에 매몰되면 감정 표현을 제대로 못하고 무엇보다 대화 능력이 크게 떨어진다고 전문가들은 지적한다.

스마트폰을 이용한 소통은 감정까지 전달하기는 어렵다. 감정 표현을 제대로 못하고 그것이 고착되면 감정이 없고 무표정한 로봇 같은 인간이 되기 쉽다. 또한 스마트폰으로 상대방과 문자를 주고받는 것이 직접 대화하는 것보다 익숙해지면 대화 능력이 갈수록 떨어질 수밖에 없다. 따라서 말이 없거나 말을 하더라도 제대로 의사 전달을 못한다면 인간관계, 대인관계가 원만할 수 없는 것은 당연하다.

버스나 지하철에서 책을 읽는 젊은이의 모습은 여간해서 보기 어렵다. 스마트폰의 구속에서 벗어나 하루에 단 한 시간이라도 독서를 하면 그만큼 삶이 풍요로워진다. 올바른 지식이 크게 늘어나는가 하면 감정이 풍부해지고 말솜씨가 늘어 대화 능력도 크게 향상된다. 책의 내용들이 머릿속에 축적돼 말을 할 때 표현력이 크게 향상되기 때문이다. 또한 독서를 많이 하는 사람은 말도 잘하고 대화 능력이 탁월해서 다른 사람들과 소통을 잘한다.

대화의 궁극적 목적은 소통이다

어느덧 '져주는 대화'를 강조해온 이 책을 마무리할 단계에 이르렀다. 내용을 집약해서 결론을 얘기하자면, 대화할 때 상대방을 존중하고 배려하며 자신의 주장을 지나치게 고집하지 않고 양보와 타협으로 상대방과 좋은 관계를 유지하는 것이 '져주는 대화'이다.

져준다는 것은 지는 것이 아니라 자신이 주체가 돼서 주도적으로 상대방에게 아량을 베푸는 것이다. 그리하여 무엇을 얻을 수 있는가? 바로 소통이다. 이미 여러 차례 강조했지만 대화의 목적은 상대방과의 소통이다.

소통疏通의 반대는 불통不通이다. 우리의 심각한 사회문제 가운데 하나인 이념의 양극화, 노사 간의 양극화, 빈부의 양극화, 세대 간의 양극화와 같은 '양극화 현상'은 불통에서 오는 것이다. 그들은 서로 첨예하게 맞서면서 상대방과는 대화가 되지 않는다고 말한다. 져주는 대화를 해보라. 그래야 대화가 이루어진다. 대화의 목적은 바로 소통이다.

언어는 인간만이 갖고 있는 최고의 창조물이다. 우리는 말을 하지 않고서는 살아가기 어렵다. 우리는 수많은 사람들이 함께 어울려 사는 사회적 동물이어서 더욱 그렇다.

수도자들의 묵언수행처럼 일시적으로 말을 하지 않을 수는 있지만 죽을 때까지 영원히 말을 안 할 수는 없다. 말을 하지 않으면 소통할 수 없기 때문이다. 오래도록 서로 대화할 상대가 없으면 외로움을 견디기 어려운 것도 그 까닭이다.

물론 문자를 통한 소통도 대화의 한 가지 수단이라고 할 수 있다. 편지로써 서로 대화하고, 이메일이나 SNS 등으로 전 세계 어느 곳에서도 문자를 이용한 간접적인 대화가 가능하다.

특히 젊은 세대들은 상대방과 얼굴을 마주보며 대화하는 것보다 이메일과 SNS 등에 훨씬 익숙하다. 그것들은 두 사람 또는 몇 사람의 대화뿐 아니라 불특정 다수와도 간접적인 대화가 가능하다. 의견을 올리면 찬성과 반대의 댓글이 봇물을 이루고 뜨거운 논쟁이 벌어지기도 한다. 어찌 보면 나무랄 데 없는 대화의 수단이라고 할 수 있다.

하지만 그것은 어디까지나 간접적인 대화 수단이다. 진정한 인간관계 형성과 소통을 위해서는 상대방과 직접 만나서 얼굴을 마주보고 말을 주고받는 직접적인 대화보다 더 좋은 방법은 없다.

상대방과 얼굴을 마주보며 얘기를 주고받는 직접적인 대화가 이메일 73번, SNS 120번과 같은 효과가 있다는 통계가 있다.

멀리 떨어져 있거나 자주 만나기 어려울 때 전화 통화는 훌륭한 대화 수단이다. 지속적으로 통화를 하다 보면 친밀감이나 유대감이 한결 높아진다. 하지만 만남보다 더 좋은 인간관계와 소통은 없다. 이런저런 이유로 이루어지는 갖가지 모임도 결국 만남을 위한 것이다.

가까운 사람들끼리 만나서 대화를 할 때는 주제나 화제가 없어도 좋고 두서가 없어도 좋다. 악의 없는 욕설을 주고받을 수도 있다. 서로 얼굴을 마주보면 상대방의 표정, 감정, 생각 등을 읽을 수 있어서 그 심리 상태를 곧바로 알 수가 있다.

따라서 상대방의 심리 상태나 감정 등을 고려하고 배려해서 대화를 할 수 있다. 그럼으로써 인간관계가 더욱 돈독해지고 소통이 이루어지는 것이다. 한 일간지에서 '인간관계'를 다룬 기획 기사가 생각난다. 어떤 젊은이가 자신의 생일을 맞아 축하 문자를 90통이나 받았지만 함께 케이크를 자를 친구가 없었다는 내용이었다. 만남이 없으면 허탈하고 공허할 뿐이다.

이메일이나 SNS의 문자는 공지 사항을 전달하는 데는 효과적일 수 있지만 인간관계와 소통에는 별 도움이 되지 않는다. 문자에는 상대방의 감정이 없고 감정을 알 수도 없다. 서로 마주보고 대화할 때는 악의 없는 욕설을 주고받는 것이 가능하지만 문자로 욕설을 보냈다가는 자칫 큰 오해를 받을 수도 있다.

삶은 곧 만남으로 이루어진다. 누구를 만나느냐가 그 사람의 운명을 좌우하기도 한다. 만남은 당사자들끼리의 직접적인 대화를 의미한다. 만남이 없으면 인간관계도 없고 어떠한 소통도 이루어지지 않는다.

어떠한 경우에도 만나서 마주보고 대화하도록 노력해야 한다. 자신이 불리하더라도 만나야 하고, 상대방을 만나는 것이 두렵더라도 만나

서 대화해야 한다. 그래야만 상황이 변화하고 진전된다. 직접적인 대화
를 능가하는 소통 방법은 없다.

말 잘하는 사람의 8가지 공통점

모든 일을 전혀 다른 시각으로 바라본다.
누구보다 폭넓은 시야를 가지고 있다.
열정적으로 대화에 임한다.
언제나 자기 자신에 대해서만 말하려 하지 않는다.
남달리 호기심이 많다.
상대방의 입장에서 이해하려고 노력한다.
독특한 유머 감각이 있다.
나름대로의 말하는 스타일을 가지고 있다.

— 이서정, 《이기는 대화》에서

왜 그런
생각이
들었을까?

**최윤규 지음 | 자기계발 | 236쪽
값 14,000원**

혹시 상상력의 빈곤을 느낀다면,

《왜 그런 생각이 들었을까?》의 아무 쪽이나 펼쳐보라. 카툰을 그리는 저자는 아무리 재미없는 영화도 그 속에는 작가의 의도가 있기 때문에 다 의미가 있다고 말한다. 이 책은 인간의 감성을 잘 다루고, 우리가 쉽게 접근할 수 있는 영화에서 그 답을 찾는다. 영화를 보고 느꼈던 작은 질문들을 누구나 쉽게 접하고 창의적인 생각 훈련을 해볼 수 있도록 그림과 글로 표현하였다.

떠나라
그래야
보인다

송진구 지음 | 자기계발 · 에세이 | 328쪽
값 16,000원

당신은 행복한 인생길을 가고 있는가?

이 책은 국내 최고 명강사 중 한 분인 송진구 교수의 '떠남'에 관한 이야기다. 평소 성공과 희망의 비법을 쉽고 재미있게 논리적으로 풀어내어 답답한 사람들의 마음을 시원하게 뻥 뚫어주었던 그는 이 책을 통하여 지금까지 했던 이야기와는 또 다른 차원의 성공과 희망 비밀을 파헤쳐준다. 그것은 떠남을 통하여 깨달은 성공적 인생길 완주에 관한 비법이다.

여행길은 마치 인생길에 비유할 수 있다. 여행에서 겪는 경험 또한 인생길에서 겪는 경험에 비유할 수 있다. 따라서 여행길은 인생길의 축소판! 송진구 교수는 이처럼 떠남에서 배운 지식과 철학을 인생길에 접목하여, 지금의 어려움에서 벗어나는 비밀은 물론 인생길 성공의 비법을 제시한다.

밥상 위의
한국사

민병덕 지음 | 인문 · 역사 | 352쪽
값 15,800원

미처 알지 못했던 먹을거리에 담긴 역사 이야기

사람이 살아가는 데 먹는 문제보다 더 중요한 것이 있을까? 근대 민주주의의 기초를 이룬 사건 중 하나인 프랑스대혁명도 작은 '빵' 때문에 일어난 것을 보면, 먹는 문제가 얼마나 중요한지 실감할 수 있다.

이 책은 우리나라 사람들의 주식(主食)인 밥부터 즐겨 먹는 술·떡·김치·차 등과 만병통치약으로 알려진 우황청심환에 이르기까지 우리 한민족과 떼려야 뗄 수 없는 대표적인 먹을거리 32가지를 다루면서, 그것과 관련된 역사적 사건까지 서술하였다. 사람이 살아가는 데 필수적인 의식주, 그중에서도 가장 중요한 음식의 유래를 비롯하여 그것과 관련된 역사적 사건까지 서술함으로써 단편적인 역사에 그칠 먹을거리에 다양한 역사가 담겨 있음을 알려주고 있다.